전문가가 들려주는

리조트 개발기획 가이드북

가까이 두고 자주 보게 되는 현장 전문가들이 들려주는
리조트 개발기획 실무 이야기

서정대·박진영·조성모

박영사

머리말PREFACE

"테마파크 기획 실무자를 위한 가이드북"을 출간하고 나서, 테마파크 외 혹은 연장선에서 리조트 사업과 다른 복합공간 개발 기획을 접할 호사를 누렸습니다.

때마침 부동산 개발 산업에 적신호가 켜지면서 제가 맡았던 프로젝트들이 지연되어 다소 여유가 생겼습니다. 예전에 코로나 팬데믹으로 재택근무가 늘면서 제1편인 "테마파크 기획 실무자를 위한 가이드북"을 썼던 기회가 주어진 것처럼 이번에도 제가 경험하고 익히고 현장에서 시름했던 리조트업과 관련한 내용들을 제2편으로 남겨 관심 있는 분들과 나누면 좋겠다는 생각을 했습니다. 이렇게 쓰고 보니 관광산업의 꽃이라고 할 수 있는 테마파크와 리조트 2개의 시설을 다룬 셈이 되었습니다.

아마도 이 책의 내용이 AI로 지배될 세상이 도래하면 스크립트 검색으로 접하게 될지도 모르겠습니다. 가상 세계의 알고리즘에 저의 경험과 지식도 일부로 편입되어 발을 걸치고 있게 될 것입니다.

하지만 업무상 알게 된 어쩌면 영업비밀 같은 내용은 건전한 리조트라는 복합공간 개발산업의 발전에 분명 도움이 될 것입니다. 뭔가 기대한 것에 조금 못미칠 때에는 비밀 유지와 공공성 사이에서 줄타기를 해야 하는 저의 고충도 컸음을 독자들께서는 양해해 주시기 바랍니다. 그래도 최대한 독자들에게 필요한 자료와 개념들을 책 한 권으로 전달하기 위해 노력했다는 점은 스스로 만족하고 있습니다. 쉬쉬하고 감추는 업계의 관행보다 서로 투명하게 공개하고 동반 성장해야 미래의 희망이 있다고 믿기 때문입니다.

이 책은 저를 포함하여 리조트 개발 기획 분야의 전문가 두 분과 함께 쓰여졌습니다. 저는 사회과학 전공자이지만 다른 두 분은 건축학 전공자로서 우리나라의 리조트 발전에 오랫동안 기여해 온 분들입니다. 주필은 제가 맡았고, 인허가 등 리조트 개발 절차에 관련한 부분과 세부적인 리조트 사례조사 내용들은 함께한 두 분께서 주도적인 역할을 해 주셨습니다.

모쪼록 이 책이 리조트업의 본질과 실무적인 이해를 돕는 데 일조하기를 바랄 뿐입니다. 대학교에서 저명한 교수님들께서 쓰신 교재, 즉 리조트 관련 개론과 전공서적이 있습니다. 체계적이고 이론적인 내용은 대학 강의와 교재를 통해서 이해하면 되겠습니다.

이 책은 그러한 지식과 안목을 보완하고자 현장에서 일했던 실무자 관점에서 바라보는 리조트 사업에 대하여 담고 있습니다. 법률자문, 엔지니어링, 마케팅, 지자체, 생태연구 등 여러 분야의 전문가들로부터 배우고 익히게 된 것이 너무 많아 일일이 밝혀 감사의 뜻을 전하지 못하는 점 깊은 양해를 구합니다.

리조트 사업과 개발에 관심이 있는 독자, 공공기관의 관광산업 관련한 행정 공무원, 관광산업을 직업으로 하기 위해 수학하고 있는 학생, 관광학 전공으로 후학 양성을 위해 수고하시는 교수님, 리조트 기업에서 근무하는 임직원, 프로젝트 파이낸싱과 관련한 업무를 하시는 분, 리조트 관련 컨설팅을 하는 컨설턴트 등 쓰고 보니 많은 분야에서 도움이 될 수 있겠다는 생각을 가져 봅니다.

부족한 저를 곁에서 도와주고 좋은 글을 쓸 수 있도록 여러 의견으로 비판적 시각을 잃지 않게 해 준 사랑하는 아내, 늘 모자람이 있는 아빠를 응원해 주는 두 딸 영이와 인이, 인생의 선배로서 격려를 아끼지 않으시는 장인 장모님, 그리고 큰아들이 소원하여도 믿어주고 기다려 주시는 나의 아버지께 감사를 드립니다. 이렇게 감사한 분들이 제 곁에 계셔서 저는 참 복이 많은 자라고 생각합니다.

책을 쓰는 과정에서 지치고 힘에 부칠 때 간구하면 새 힘을 주시고 끝까지 은혜를 더하여 주신 저의 하나님께 찬양과 경배를 드립니다.

2024년 6월
대표저자 서정대

차례CONTENTS

PART 3 성공을 위한 조직 운영과 매뉴얼
_디즈니랜드의 사례를 중심으로

전문가가 들려주는
리조트 개발기획 가이드북

PART 1

리조트 개발기획

01 / 리조트 산업의 특징

1 | 명확한 테마Theme와 컨셉Concept

좋은 리조트는 명확한 테마와 컨셉으로 만들어지며 이를 지속적으로 유지하여 고유한 아이덴터티를 가지고 있다. 개발하고자 하는 곳의 잘 담아낸 테마와 컨셉은 향후 진행되는 리조트 개발 과정에서 망망대해를 항해하는 선박의 키와 같은 역할을 한다. 사공이 많으면 배가 산으로 간다고 하듯 리조트 개발 과정에서 많은 사람들이 마이크로한 개발 내용과 콘텐츠에 대한 의견을 내고 반영하다 보면 어느덧 확고하지 못했던 초기의 테마와 컨셉은 점차 모호해져 간다. 이는 앞으로 자기만의 아이덴터티를 가지지 못함을 의미한다.

천혜의 자연환경 속에 자리잡고 있다면 그 자연환경을 만끽할 수 있는 테마와 컨셉을 잡아 살려야 할 것이다. 창을 통해서, 노천 스파를 통해서, 자연을 심미적으로 감상하는 데 걸림이 없도록 건축물의 컨셉과 형태 그리고 소재까지 어울리게 꾸려야 한다.

입지한 곳이 자연환경은 다소 아쉽지만 다양한 활동들이 연계될 수 있다면, 수상 레저활동이나 산악 체험활동 혹은 가족들이 함께 즐길 수 있는 워터파크 그리고 스키, 골프, 반려동물 파크 등의 액티비티 중심의 리조트를 기획할 수 있을 것이다. 이때 건축물은 이에 걸맞은 컨셉의 디자인이 되어야 한다.

자연을 품을지, 다양한 활동을 하는 리조트를 만들지, 혹은 힐링하고 치유받는 것을 테마로 할지에 따라 정한 테마를 잘 표현하기 위한 시설별 혹은 구역별 컨셉을 구체화하여야 할 것이다.

2 입지와 기후, 활동Activities과 레크리에이션Recreation

리조트의 가장 뚜렷한 특징은 휴양 목적에 맞는 기후와 자연환경, 그리고 리조트에서 제공하는 다양한 레크리에이션 활동에 있다. 리조트는 통상 인구 밀도가 낮은 지역에 위치하여 스모그와 혼잡에서 벗어나 있어 그 자체로 비일상적 공간감을 제공한다.

일반적으로 기피하는 습한 열대 우림 기후와 건조한 사막 기후일지라도 춥고 음산한 겨울을 벗어나고자 하는 사람들에게는 매력적인 곳이 될 수 있다. 시원하고 쾌적한 산악 지역은 덥고 습한 여름철에 찾고 싶은 장소다. 동남아 혹은 중동지역 사람들에게는 한국의 평

평범했던 해변이 지상 낙원이 되고, 사막의 황무지가 에덴 동산이 된다.

범한 산악 지역에 내린 겨울철 설경 자체가 신비와 탄성을 자아내게
한다.

리조트 레크리에이션과 액티비티는 호텔의 풀(full) 서비스와 다
르다. 풀 서비스 호텔이 제공하는 것은 최신식 대형 실내 체육관
(Gym), 실내/외 수영장, 월풀과 사우나 등 실내 활동 중심적이다. 그
러나 리조트 내에서의 활동은 입지한 기후와 자연환경을 만끽할 수
있는 야외 활동들을 위주로 이루어진다.

세계적인 휴양지에서 기대할 수 있는 레크리에이션 활동 목록
골프 테니스 스키 스파 물놀이시설 해변 하이킹 관광투어 자연체험

입지와 시기(Season)가 리조트가 제공할 수 있는 것을 결정할 것
이다. 이러한 레크리에이션 시설은 아름다운 조경, 낮은 밀도의 시설
배치, 외부 사업장 및 식음료 매장을 포함하여 투숙객에게 이용 편의
와 유연한 경험을 제공할 수 있게 조성된다.

골프 코스는 아름다운 자연 풍광을 담아 환경적 매력도를 더하
고 스파 시설에는 건강을 중시하는 손님들을 위해 맞춤형 테라피 프
로그램, 운동 프로그램, 개인 트레이너, 특정 식음료를 제공하여 차별
화된 서비스를 제공한다. 워터 컴플렉스에는 랩 풀, 스포츠 풀, 워터
슬라이드, 해변, 래프팅 폭포, 월풀 등 다양한 시설이 있다.

만약 해안에 위치한 리조트라면 비치 운영자들은 단체 활동을 조직하고 카바나와 비치 파라솔에서부터 뗏목과 제트 스키에 이르기까지 비치 장비를 대여하거나 제공하는 일을 한다. 개방형 리조트라면 주변 관광지 및 자연을 테마로 한 현지 투어와 활동 프로그램을 연계하여 운영할 것이다.

3 편의용품Amenities, 어메너티

리조트 내에는 다양한 소모성 편의용품을 구비하고 있다. 이를 리조트나 호텔 같은 관광 숙박 시설에서는 통상 어메너티(Amenity)라고 부른다. 편의용품들은 주로 객실과 욕실에 위치하며 브랜드 로고와 디자인이 반영되어 리조트의 이미지를 담게 된다. 리조트를 떠날 때 품격있는 어메너티는 일종의 기프트처럼 집에까지 가져와 써 본 경험이 다들 있을 것이다. 싸구려 어메너티는 방문객에게 싸구려 시설로 보이게 하고 싸구려 서비스를 받았다는 인상을 주기 십상이다.

기본적인 어메너티 목록
• 욕실
배스 캡, 구강 세척제, 바느질 키트, 로션, 스킨(화장품), 배니티 미러, 욕실용 키트(칫솔, 치약 등), 헤어 드라이어. 세팅 젤, 퍼퓸(방향제), 목욕용 리퀴드(샴푸, 린스, 바디 워시, 입욕제 등), 타월(바닥용, 대형/중형/소형)
• 객실
배스 로브, 미네랄 워터, 신선한 꽃, 파시오, 오버사이즈 베개, 웨트 바, 냉장고, 트리플 시트

풀 서비스 고급 리조트와 호텔의 편의 시설에는 룸 커피 머신, 아로마 향초, 다리미 및 다리미 보드, 인터넷 와이파이, 대형 TV, 스

타일러, 개인 금고가 제공되기도 한다.[1] 이 모든 편의 시설들은 무료로 제공된다. 객실 숙박 요금은 일반적으로 상당히 높고 객실에 대한 투숙객의 기대치도 더 높다. 명품 리조트는 더 많은 프로그램, 유명 브랜드, 그리고 다양한 편의시설을 제공하기 위해 노력한다.

4 서비스Services

리조트는 많은 레크리에이션과 문화 활동을 제공하기 때문에 손님들은 이러한 활동에 참여할 수 있는 기회를 기대하고 있다. 풀 서비스 리조트에서는 이러한 서비스를 지원하는 매니저와 가이드를 고용하고 있다.

그들은 손님들의 질문에 대답하고, 관심을 가질 만한 제안을 하고, 사전 예약을 도와 즐길 거리를 안내한다. 게스트들은 매우 상세하고 구체적이거나 모호하고 포괄적인 요청까지 다양한 서비스에 관심을 가지고 있으므로 컨시어지는 이러한 모든 요청을 다양한 상황에 맞게 만족스럽게 처리할 수 있어야 한다.

예를 들어, 골프 리조트에서 컨시어지는 골프 코스에 대한 주요 특징과 상세 정보, 이용 요금, 티 타임을 알고 있어야 한다. 해변에 있는 리조트의 컨시어지는 해변의 주요 시설들, 리조트와의 이동 거리, 수상 스포츠 및 활동과 같은 특별한 체험 활동, 그리고 밀물과 썰물 시간 등 기상 정보도 숙지하고 안내할 수 있어야 한다.

---

1) 일부 리조트에서는 의도적으로 외부와 연결되는 와이파이 인터넷 서비스나 TV 등 멀티미디어의 편의 서비스를 일절 제공하지 않기도 한다. 리조트의 자연환경과 활동에 집중하고 몰입하게 하려는 의도이다.

해변 리조트의 가이드 턴다운 서비스

리조트에서 기대되는 또 다른 서비스는 **턴다운 서비스**(turn down)이다. 일과 중에 낮과 밤처럼 전환기에 이루어지는 서비스를 의미한다. 이 서비스는 저녁이나 밤에 수행되며, 수건을 새로 넣고, 쓰레기를 비우고, 침대 커버를 정리하고, 민트나 쿠키를 제공하고, 불을 켜고, 편안한 음악을 틀어두는 것을 포함한다. 이 서비스는 손님에게 개인적인 서비스를 제공하고 편안한 분위기를 조성하기 위한 것이다. 낮에 외부활동을 하고 숙소로 돌아왔는데 깔끔하게 정돈되고 밤에 맞게 객실이 준비되어 있다면 돌봄을 받고 있다는 소소한 감동을 느끼게 된다.

5 계절에 따라Seasonally

리조트 운영자들은 리조트를 어떻게 운영할 것인지 계절별로 명확히 방침을 정해야 한다. 리조트의 환경과 시설이 보유한 리소스와 콘텐츠에 최적화된 운영 프로그램과 이벤트를 준비해야 한다.

성수기는 적당한 온도, 최소한의 비와 최대의 햇빛을 제공하고, 손님들이 휴양지에서 기대하는 많은 활동들을 즐길 수 있게 해주는 가장 매력적인 계절에 해당한다. 겨울 휴양지는 열대 또는 사막 기후에 위치하는데 손님들은 습한 기후와 건조한 기후 중에서 개인 기호에 따라 선택한다.

리조트의 성수기는 주요 방문객이 거주하는 지역의 기후와 연간 일정 등 종합적인 상황에 의해 영향을 받는다. 예를 들자면, 중국 춘절은 최소 2주에서 최대 한 달의 기간으로 겨울철에 있는데 이때 온화한 기후의 휴양지를 갈 수도 있으며 아예 아름다운 설경을 즐기기 위해 스키 리조트를 선택할 수도 있을 것이다.

리조트의 성수기는 입지한 기후에 의해 정해지는 불변적인 기간으로 생각하기 십상이다. 그러나 시즌별로 어떤 고객을 영업할 것인지 대상 고객을 명확히 하고 마케팅에 집중한다면 비수기를 성수기까지는 아니더라도 모객하여 영업을 활성화할 수 있다.

Domestic 고객과 Inbound 고객을 유치하기 위한 종합적인 마케팅 전략이 필요하다. 특히 인바운드 고객들은 해당 국가를 떠나는 순간부터 국가 간 비일상적 세계로 이동하는 것이므로 내가 가진 평범한 것이라도 잘 공략한다면[2] 그들에게는 그 자체로 비일상적이고 이국적인 관광상품이 될 수 있다.

입지상 산악에 있는 리조트가 여름철의 해변에 있는 리조트보다 덜 매력적일 수는 있으나, 오히려 해변이나 섬 지역의 국가나 지역에서는 선선하고 쾌적한 여름 날씨를 선호할 수 있다는 점을 잘 공략하면 여름철 해변 못지않은 성수기를 누릴 수 있다. 겨울철은 비수기라

---

2) 예를 들자면, 대만에 한류 드라마나 예능 프로그램이 방영되고 지역민이 큰 관심을 보이고 있다는 정보를 알게 되었다고 하자. 한국의 리조트라는 기본 소구력에 사업장 만의 차별적인 자연환경, 먹거리, 관광자원 등 매력 요소로 여행 패키지화 하고 프로모션을 통해 모객할 수 있다면 비수기 영업 활성화의 밑거름이 될 수 있을 것이다.

아예 운영을 접은 리조트도 대상 고객에 따라 영업력을 높일 여지는 언제든 있다.

비수기는 기후가 극단적으로 변하는 시기로 리조트의 입지마다 상이하다. 사막은 섭씨 40도를 넘는 덥고 건조한 날씨를 보이는 6월부터 9월까지, 열대 지방은 덥고 습한 여름철 우기가 비수기라고 할 수 있다. 온대지역은 추운 겨울과 더운 여름이, 냉대지역은 추워지기 시작하는 10월부터 3월까지가 비수기에 해당한다.

이러한 보편적인 계절성(Seasonality)을 반전으로 사용한 좋은 사례들도 있다. 그 하나의 예는 일본 홋카이도 지역일 것이다. 오히려 겨울철 많은 강설을 마케팅하고 얼음과 눈을 소재로 한 다양한 축제와 이벤트를 열어 더 많은 관광객을 불러 모으고 있다. 오랜 시간이 흐른 지금은 홋카이도를 떠올리면 겨울철 관광지로 통할 정도로 브랜딩에 성공한 사례다.

간기(Shoulder seasons)는 기후가 성수기만큼 우호적이지는 않지만, 비수기만큼 견디기 힘들지 않은 과도기이다. 간기(준성수기)에 어떤 전략으로 고객을 안정적으로 유치할 것인가는 리조트 운영 수익 확보에 매우 중요한 일이다.

Chair Lift(비시즌, 산악자전거)

Chair Lift(겨울, 스키)

겨울 시즌은 스키와 스노우 모빌과 같은 겨울 스포츠의 성수기이기도 하다. 최근 스키 리조트의 운영 트렌드는 여름 비수기를 산악 체험 준성수기로 활용하고 있다는 것이다. 이 스키 리조트들은 높은 산악 지대에 위치하여, 여름철도 서늘한 날씨로 매력적인 공간이다.

아이다호의 선 밸리와 유타의 파크 시티와 같은 스키 리조트들은 이제 깨끗한 공기, 산의 전망, 그리고 적당한 기후를 가진 유명한 여름 관광지로 자리 잡았다. 스키 리프트를 이용하여 등산객들을 유치하고, 산악자전거 타기(down hill)와 호수 낚시는 이 스키 리조트들을 여름에 인기 있는 목적지로 만드는 다른 활동들이다.

6 단체 및 레저 시장Group And Leisure Markets

리조트의 주요 고객은 단체 비즈니스와 개인 레저 여행객의 양대산맥으로 이루어진다. 이 두 시장은 매우 다르고 리조트는 다른 방식으로 그들에게 마케팅해야 한다.

서구 사회에서 시작된 1700년대의 초기 리조트들은 부유한 사람들의 전유물이었다. 손님들은 말과 마차, 나중에는 철도를 타고 도착했고 그들은 집에 대한 걱정과 문제에서 벗어나 휴식을 취하는 것이 목적이었다. 그들은 산, 온천 또는 해변을 즐겼고 개인적인 서비스를 제공받았다.

현대의 리조트는 고소득 여행객뿐만 아니라 중산층도 이용하는 공간이다. 더 많은 목적지에 위치해 있고, 다양한 교통수단으로 접근할 수 있으며, 광범위한 활동을 제공하고 있다. 시간과 돈에 여유가 많아진 사람들로 인해 과거에 비해 리조트의 배타성은 줄어들었다.

예. 기업 및 가족 단체를 위한 리조트의 다양한 서비스

회원제로 운영되는 일부 리조트들은 여전히 배타적인 성격을 유지하고 있지만, 대부분의 리조트는 그 곳에 방문하는 모든 손님들을 환영하고 훌륭한 리조트 경험을 제공하는 데 초점을 맞추고 있다.

한편 단체 시장은 이제 대부분의 리조트, 특히 대규모 회의 공간과 레크리에이션 활동을 제공하는 대형 리조트의 경우 수익의 중요한 부분이 되었다. 현대의 휴양지들은 컨퍼런스(conference) 혹은 컨벤션(convention)3)에 휴양 서비스를 추가하여 공식적 모임에 여가 느낌을 확장하는 데 초점을 맞추고 있다. 단체 시장의 출현은 오늘날의 대형 리조트의 성공에 결정적인 역할을 해왔다.

미팅 공간은 야외 공간과 리조트 위치, 문화 및 기후를 특징으로 하는 사전에 계획된 기능적 공간을 포함한다. 리조트는 단체객들에게 여가 분위기 속에서 성공적인 비즈니스를 할 수 있도록 다양한 추억

---

3) 개념적으로 컨퍼런스와 컨벤션은 혼용되고 있다. 굳이 차이점을 설명하자면 컨퍼런스(conference)는 본회의를 중심으로 열리되 참석자들에게 사교적인 모임과 행사, 이후 관광 프로그램을 동반하는 형식을 띠고, 컨벤션(convention)은 기구나 단체들이 참여하는 좀더 큰 행사로 충분한 기간을 두고 사전에 준비되어 정기적으로 개최되며 공식적인 회의 외에도 이벤트와 전시회도 포함된다. 이 외에도 우리말로 '모임'이나 '회의'에 해당하는 영어식 표현들이 많다. 미팅(meeting), 포럼(forum), 심포지엄(symposium), 패널 디스커션(panel discussion), 세미나(seminar), 워크샵(workshop) 등 다양한 회의방식들이 있다.

거리들을 제공한다.

단체 행사는 개인 숙박객과 달리 참석자들이 일정의 일부로 골프, 테니스, 해변 활동 또는 스파 세션과 같은 유료 서비스 이용률이 높으며, 체류기간도 더 긴 것이 특징이다. 그룹 비즈니스는 일반적으로 객실 요금을 낮게 받지만, 회의 및 연회 기능과 레크리에이션 활동을 통해 추가적인 리조트 수익을 가능하게 한다. 코로나 펜데믹으로 단체 고객 유치에 상당한 변화가 있었지만, 기업이나 단체 법인 입장에서는 여전히 직원 복지와 포상 행사와 연계한 수요가 유효하다.

7 기억에 남는 경험Memorable Experiences

리조트에서 투숙하는 고객들이 궁극적으로 기대하는 가치는 "평생토록 기억에 남는 경험"일 것이다. 이것은 신혼부부에서부터 연말 기념행사를 위한 수천 명의 단체에 이르기까지 다양하다. 리조트는 이러한 매우 다른 각각의 기대를 충족시킬 수 있도록 프로그래밍 되어 있어야 한다.

신혼부부는 문화, 해변, 기후 그리고 식사를 즐기면서 휴식과 로맨스가 있는 하루를 보내고 싶을 것이다. 혹은 골프, 수상 스포츠, 스파, 투어, 숙박시설 밖의 야간 활동으로 활기차고 다이내믹한 하루를 보내고 싶을지도 모른다.

단체 고객들을 보낸 기업이나 법인은 소속된 사람들이 휴양지가 제공하는 문화와 활동을 이용하거나 일 년 중 가장 좋은 시즌에 회사의 경영에 도움이 될 근사하고 멋진 회의를 만족스럽게 치뤄 낼 것을 기대한다. 그들은 참석자들을 만족시키기 위해 호화로운 회의와 연회

다양한 고객들이 행복할 수 있도록 준비된 리조트

를 호스팅 하거나 골프 토너먼트, 스파 패키지 또는 문화 투어를 단체 계약으로 제공하기도 한다. 소속된 사람들이 선호하거나 법인 간 제휴로 해당 리조트를 선택했을 것이나 회의와 활동이 순조롭게 진행되고 휴양지의 기후와 여가 활동에 만족하는 것이 단체 행사의 본질적 목적이다.

리조트에서 제공하는 혹은 제공해야만 하는 "기억에 남는 경험"과 관련하여 이해를 돕기 위해 함수식의 상수와 변수 개념으로 설명하면 쉬울 것 같다.

리조트의 건축물을 포함한 물리적인 환경과 공식적인 프로그램들은 함수의 상수(constants)에 해당한다. 상수가 크면 아무래도 매출 규모는 커질 것이다. 리조트 이용가격에 맞는, 즉 공식적인 가격정책을 감당할 수 있는 방문 이용고객 그룹이 사전에 정해질 것이다. 이 상수를 변화시키려면 대대적인 리뉴얼이나 재건축을 하거나 운영 프로그램을 변경하면 된다.

그러나, 리조트에 있어 변수(variables)는 예기치 못한 특별하고 차별화된 활동 프로그램과 이벤트 그리고 운영자들의 서비스 정신을 의미한다. 이 값은 리조트의 운영 역량에 따라 변동된다.

"기억에 남는 경험"의 개념은 손님에 따라 여러 형태를 취할 수 있다. 미리 정보를 검색하고 예상했던 상수적인 부분에서 만족하는 고객들도 있을 것이다. 그러나 그것은 극히 일부이다. 자기가 지불한 돈에 대한 기대가치만큼만 받았는데도 기억에 남을 만한 경험으로 받아들이는 것은 쉽지 않다. 최소한의 서비스를 제공하고 상수적인 것에 머물러 있는 리조트는 성공할 가능성이 낮다.

대부분의 성공한 리조트들은 활동과 서비스 측면에서 미리 예측할 수 없는 추가적인 일들을 수행할 수 있도록 역량을 갖추고 방문한 고객들에게 무언가를 감동시킨 곳들이다. 손님의 요구나 불만에 기꺼이 응하는 자세, 손님의 기대를 뛰어넘는 창의적인 자세, 손님에게 특별한 시간과 경험을 서비스한다는 자발적 인식 등이 모두 리조트를 평생 잊지 못할 '추억의 경험'으로 만드는 데 필요한 변수적 자질들이다. 명품 리조트라면 이러한 의외성(意外性, mirativity)과 가외성(加外性, redundancy)이 늘 일어나는 곳이어야 한다.

02 한국 리조트 산업의 성장 과정과 트렌드

　한국 리조트 산업의 역사를 보면, 1950~1960년대에는 한국전쟁의 비극과 아픔을 겪은 후 가난에서 벗어나기 위해 우리 국민들은 휴일도 없이 매일을 노동해야만 했기 때문에 지금과 같은 여가문화가 정착될 수 없었다. 기껏 누릴 수 있는 호사는 노동이 어려운 혹서기 여름철에 강이나 계곡, 바닷가 등에서 피서를 하는 정도였다. 숙박은 산재되어 있는 민박이나 휴대한 텐트를 주로 이용하였다.

　힘든 시기를 이겨내고 산업화를 일구었던 즈음인 1975년 한국관광공사가 경주에 보문관광단지를 개발하여 현대적 관광지의 시작을 알렸다. 뒤이어 쌍용그룹의 용평 스키 리조트, 삼성의 용인자연농원 놀이공원이 개장하면서 기업형 레저 관광시설이 운영되기 시작하였다.

체류형 숙박시설로서 콘도미니엄은 한국 프로야구가 출범했던 1982년의 한국콘도가 최초로, 경주 보문관광단지 내에 선보인 것이 효시이다. 이를 필두로 1980년 말까지 전국의 유명 관광지였던 경주, 제주, 설악산 등을 중심으로 객실수가 1만 3천실까지 증가하였다. 86 아시안게임, 88 올림픽 유치로 중앙정부 차원에서 적극적인 관광 인프라를 지원하는 당시의 분위기도 한몫했다고 할 수 있다.

당시에는 가족이 콘도미니엄(콘도)에 놀러간다는 것은 주변 사람들에게 대단한 자랑거리였을 정도로 관광여행에서 최상위의 상품으로 여겨졌다. 리조트 내부시설도 수영장, 사우나, 음식점, 단체 행사장 정도였으며 현재의 기준에서는 영세한 수준이었으나 먹고 사는 일에 바빴던 그 시절에는 부유 계층들의 전유물이었다.

이후 1990년대에 들어서면서 경제성장과 더불어 리조트 산업의 시장도 공급 확대가 본격화되었다. 리조트 시설의 공급확대로 중산층까지 보편적으로 이용하는 여가 상품으로 자리잡기 시작하였다. 다양한 평형대가 선보이면서 분양가격도 고가에서 중저가까지 형성되어 리조트 산업은 대중화의 길을 열게 되었다.

1997년 맞이한 외환위기는 미분양과 경영난이라는 커다란 파장을 남겼지만 아이러니하게도 콘도 분양가격의 하락으로 인한 대중화

국내 여가 및 리조트 산업의 변화

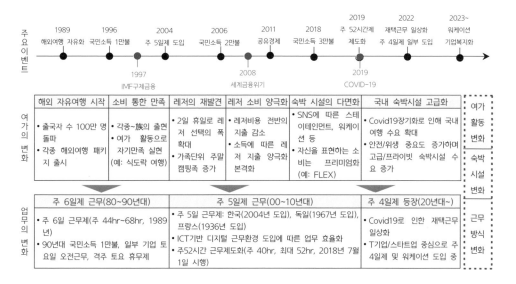

의 확대 계기를 제공하기도 하였다.

공급 확대와 과잉, 리조트 이용의 대중화는 Mass Production and Consumption(대량 생산과 소비)의 시기였다. 리조트 간에 품질과 서비스가 대동소이하고 상호간 차별적 요소는 적었으나 여전히 리조트 상품에 대한 수요가 뒷받침하고 있었다.

2010년도에는 성공적인 분양과 조기 투자금 회수를 위한 새로운 형태의 리조트들이 시장에 선보이기 시작하였다. 이른바 시설 복합화에 기반한 리조트로서 골프장, 대규모 워터파크 등의 앵커 어트랙션을 포함하여 개발한 것이 특징이다. 콘도 분양에 있어서도 상품성 및 분양가를 높일 뿐더러, 집객 유희시설은 별도로 과금할 수 있어 수익성도 확보할 수 있고, 숙박을 계획할 경우 콘도 객실 가동률을 높이고 체류시간을 늘려 객단가도 제고할 수 있는 운영상 이점들이 많다고 할 것이다.

복합화 리조트는 여전히 Mass 기반에서 운영되는 시설로 수천에서 수만 명이 동시에 이용하는 대중적인 형태의 리조트의 범주에 있었다.

역사와 유행은 돌고 돈다. 시장의 트렌드도 그러하다. 1980년에 콘도 사업이 활성화될 때 당시 영세한 민박 중심의 관광지에서 부유층을 상대로 한 현대식 콘도미니엄을 분양하며 새로운 레저관광 시장을 이끌었던 것처럼,[1] 1990~2000년대 중산층이 두터워지면서 콘도미니엄 시장이 대중화의 길로 들어서자 2010년대 중반부터는 점차 붐비는 리조트와는 차별화된 소득 상위계층을 대상으로 하는 Prestige(고급) 리조트들이 개발되기 시작하였다. 수려한 자연경관, 낮은 밀도의 개발, 개별 숙박 시설의 프라이버시를 중시한 배치, 고급 서비스의 제공 등을 통해 차별화된 리조트 상품을 내놓게 되었다. 이는 해외여행이 보편화되면서 리조트 이용객들의 눈높이가 높아지고 국내 리조트가 해외 리조트와 경쟁하고 있는 상황을 반영한 것이라 할 수 있다.

하지만, 여전히 국내에서 프레스티지를 지향하는 리조트조차도 아직은 부족한 점이 많다. 분양가 20억을 넘어 100억대를 호가하는 리조트이지만, 초기 투자금 회수를 위한 하드웨어적인 분양상품을 위주로 판매 및 영업을 하고 있다. VIP 고객에 걸맞은 세심한 운영 프로그램이 미흡하다는 지적이 많고, 다양하고 독창적인 체험 콘텐츠가 부족하다는 점은 현재 우리나라 리조트의 극복해야 할 과제라고 할 수 있다.[2]

---

1) 당시 콘도미니엄 가격의 이해를 돕기 위해 서울 강남의 아파트와 비교해 보자. 콘도 분양가격이 평당 2백만 ~ 4백만 원 수준이었으며, 강남 아파트는 1백만 ~ 1백 40만 원으로 최소 2배, 최대 3.5배 정도 비쌌다. 이 때문에 당시 언론에서 콘도미니엄의 사회적 비판을 기사화하기도 하였다.
2) 실제 고가로 분양받은 회원권 혹은 지분등기 소유자들이 연간 투숙하는 일수는 생각보다 적다. 처음에는 매력적인 분양 상품이라고 생각되어 구매하여 자주 이용하였겠지만, 점차 익숙해지고 무료해지면서 이용이 뜸해지는 것이 일반적이다.

03 한국 리조트 사업의 특수성
: 분양제 외

리조트를 포함한 가장 보편적인 부동산개발 사업 수행 구조는 전략적 투자자(SI), 시공 참여(투자)자(CI), 정부 등 공공기관(GI), 그리고 재무적 투자자(FI)로 구성되는 것이다.

리조트 조성 사업에서 전액 자기 자본으로 하는 경우는 거의 없다. 수천 억이 들어가는 초기 자본금의 조달에 일부 자기 자본(5~10%)을 부담하고 잔여 사업비는 타인자본으로 금융권 대출, 투자사 운용 자금, 펀드 등 다양한 형태, 즉 금융레버리지(leverage)로 조달하게 된다.

시행사 SI는 자기 자본금을 가지고 전략적 투자자(SI) 역할을 하고 사업 리스크를 떠안으나 분양 차익을 기대하고 운영 사업을 직접 혹은 위탁할 목적으로 사업에 참여한다.

시공사 CI는 건설회사로서 시공 매출과 이익을 목적으로 하여 참여하는데 사업리스크를 분담하고 책임 있는 준공 보증을 위해 최근에는 자기자본 일부를 부담하는 추세이다.

정부, 지자체, 공공기관 등 GI는 지역 소멸 대응, 지역 투자 사업 유치를 통한 지역경제 활성화, 공공복리 증진과 공공자산 가치의 향상 등 여러 가지 목적으로 사업을 지원하거나 참여하게 된다.

인허가를 담당하고 국유지/도유지/시군유지를 매각하거나 임대하는 방식 그리고 접근 도로와 교량, 상하수도, 전기통신 등 인프라 지원을 통해 참여하는데 어떤 식으로든 공공기여금에 대한 이슈는 항상 제기된다. 이하에서는 사업자 입장에서 큰 부담이 되는 공공기여금에 대하여 알아 둘 필요가 있어 별도로 자세히 설명한다.

마지막으로 **재무적 투자자(FI)**는 단일 혹은 다수 컨소시엄으로 참여하게 된다.[1] 사업 추진 주체 입장에서도 그렇고 재무적 투자자들도 대출금에 대하여는 우선 상환 조건으로 조기 투자금 회수 방식의 상호 자금 대출 약정을 맺는 것이 일반적이다.

우리나라에서 리조트 개발 사업은 다른 국가에서와는 달리 한국만의 특수한 분양제도를 활용하는 일이 빈번하다. 사업 추진 단계와 무관하게[2] 사전 청약[3]으로 수분양자에게 우선권과 혜택을 주는 방식으로 자금을 모으기도 하며, 착공 후 20%를 기점으로 단계별 분양을 개시한다. 이러한 우리나라의 리조트 개발 사업은 분양 대행 시장이라는 특수한 시장을 형성하는 환경을 만들었다.

분양 방식은 크게 2가지로 대별된다. 첫 번째는 **회원제** 방식으로 분양 객실을 구좌수로 나누고 membership fee를 예치하는 분양 형태

---

1) 선진국에서는 사업 자체의 매력도를 높게 평가하고 과감한 투자 여부를 결정하기도 하지만 우리나라의 재무적 투자자들은 ① 토지 사용 승낙 혹은 토지 확보 유무, ② 사업계획서와 회계법인의 사업타당성 리포트, ③ 인허가 세가지를 전제로 참여 여부의 논의가 비로소 시작된다.

2) 사업 추진 단계와 무관하더라도, 수분양자 입장에서는 사업 계획만으로 청약하기는 어렵다. 공사 착공을 위한 실시계획인가와 같은 사업 추진의 인허가 완료라는 확실성이 있을 때, 조기 청약을 검토하는 것이 일반적일 것이다.

3) 청약의 경우, 사업 불확실성이 여전히 있는 상황이고 사업자 입장에서는 조기에 사업자금 확보의 이점이 있으므로 통상 분양 정상가격의 5~10%를 할인 적용하거나 이용에 따른 특별 혜택을 부여하여 청약률을 높이려 한다. 재무적 투자자 입장에서는 이러한 청약률 정보를 리조트 분양상품의 성공을 가늠하는 시그널로 활용하기도 한다.

이다. 이 회원비는 10년 혹은 그 이상의 장기로 하는데 중간에 사정에 따라 회원권 거래소에서 시가로 거래되기도 한다. 모집한 사업자는 이 회원비를 임의로 처분할 수 없으며 상환 가능한 범위에서 원금을 유지해야 하고 만기가 도래하면 상환해야 하는 일종의 부채(debt)로 회계상 계정 분류된다.

만기에 원금 상환이 이루어지므로, 물가상승률만큼의 미래가치 하락은 있으나 시장에서는 더 선호하는 편이다. 사업자 입장에서는 투자금의 일부를 회수하는 효과가 있다는 장점이 있다. 향후 리조트를 체인화하고 지속적으로 확장하고자 한다면 오히려 회원제 방식으로 하는 것이 사업자 입장에서는 유리할 수 있다. 소유권이 아닌 이용권을 회원제로 운영하는 것이어서 리조트 사업장의 경영적 자율성이 더 보장되며 자산가치 변동분이 소유자인 사업자에게 귀속되기 때문이다.

회원 입장에서는 연간 숙박 일수를 보장받는 조건일 뿐이며, 실제로도 극성수기에 사용하는 기회는 행운이 따라야 할 정도이다. 다만, 일반 숙박 예약자에 비해 숙박 예약 가능성이 상대적으로 높고 이용시에는 회원 숙박요금을 적용받는 점에서 회원권 구매의 매력이 있다고 할 것이다.

다음으로는 **공유제** 혹은 **등기제** 방식으로 앞서 회원제와 달리 토지와 건축물의 지분 자체를 매도－매입하는 소유권을 이전하는 분양형태이다. 사업자 입장에서는 회계상 환급하지 않아도 되는 매각매출로 인식되나 객실 운영 등에 있어 자율성이 적은 방식이다. 즉, 초기 투자금 회수에는 장점이 크나 운영 단계에서 사업자의 자율적인 운영에 어려움이 있고 건축시설물의 변경/보수가 상대적으로 수월하지 못하다는 단점이 있다.[4]

---

4) 객실이나 공용부 등의 시설의 노후, 트렌드에 걸맞은 시설로의 변경을 추진할

한국형 리조트 분양 방식의 차이

구분	회원제(Membership)	공유제 = 등기제(Ownership)
소유 형태	통상 10년 후 보증금 반환(취득세 2.2%)	부동산 등기이전(취등록세 4.6%)
법인	Full구좌 가능	Full구좌 가능
개인	Full구좌 가능	Full구좌 불가, 1/5구좌 이상 가능5)
재무 관점	보증금 부채로 반환 리스크 존재	분양 수입을 매출로 인식
분양 관점	고객 선호도가 높아 분양속도에 유리	럭셔리 상품, 소유 니즈에 부합
운영 관점	비회원 대상 영업수익이 중요	관리비(연회비) 수익외 매출 적음 고정적인 관리비로 경기에 덜 민감
자산 가치 관점	분양/소유회사가 자산가치 증감분을 소유	수분양자가 자산가치 증감분 소유
주요 사례	소노(대명), 한화, 롯데, 리솜(호반), 아난티 등	용평리조트, 설해원, 사우스케이프, 카스카디아 등
업의 본질	이용가치 중심의 Hospitality 비즈니스 (체인 리조트, 대중적 상품 중심)	소유가치 중심의 부동산 비즈니스 (단독 리조트, 초고가 상품 중심)
사업 특성	Destination 중심으로 지속적 사업장 및 객실 확장	Destination을 뛰어넘는 자산 희소성, 상품성 강조
사업 리스크	회원권 반환을 대응하기 위한 지속적 신규회원 유입 필요(신규사업장 개발, 리뉴얼)	고객기대에 상응하는 Value제공 필요 운영상 이익의 한계, 소규모인 경우 규모의 불경제효과

타워형 집합건물은 복잡한 구분 소유로 인해 수분양자들이 선호하지 않는 편이다. 주로 고급 단독 빌라들이 공유제(등기제) 방식으로 분양되고 있다. 법인은 풀 구좌로 매입 가능하나, 개인은 1가구 2주택 소유라는 편법운용을 미연에 방지하기 위해 1/5구좌 이상만 가능하다.

경우에, 관련 건축인허가 부서에서 일정비율 이상의 등기제회원 동의를 요구한다. 이러한 측면에서 시설 개보수나 변경이 어려워 노후화되거나 자산 가치 하락을 초래하기도 한다.

5) 개인 등기제 분양도 타인과 공유하지 않고 자신 혹은 가족과 전유하고자 할 경우, 1/5구좌 5개를 구매하고 운영 약정서를 체결하는 우회적 방식으로 사실상 Full 구좌처럼 사용하기도 한다.

공유제(등기제) 운영에 있어 관리비는 기본 관리비만 받고 숙박 이용 일수에 따라 추가금을 내는 혼합형을 많이 쓰고 있다. 기본 관리비를 낮게 하고 이용시 비용을 높게 받는 것과 기본 관리비를 높게 하고 이용시 낮게 받을지는 선택해야 한다. 이는 분양받은 소유주 입장에서는 예상되는 연간 이용 횟수, 수탁받은 리조트 운영사 입장에서는 객실 적정요금과 가동률을 고려하여 정해질 부분이다. 관리비는 통상 연간 평당 20만에서 50만원까지 책정되고 있다.

두 가지 분양제 중 어느 것을 선택할 것인지는 앞서 언급한 사업주의 장기적인 리조트 개발 계획에 따라 달라질 것이며 팔고자 하는 분양상품에 대한 고객들의 인식을 고려해 결정되어야 할 것이다. 고급별장의 하나 혹은 레저용 자산으로 생각할 경우는 공유제(등기소유제)가 선호되며, 휴양을 위한 숙박시설로 생각하는 고객들은 환급이 가능한 회원제를 선호한다고 할 수 있다. 혹은 분양상품의 특성과 고객선호 비율에 따라 두 가지 방식을 혼합하여 분양할 수도 있을 것이다.

따라서 공유제 수분양자들은 매입할 자산의 희소성과 미래투자가치, 그리고 시행사 및 운영사의 기업 안정성을 중요시 여긴다는 점을 이해하고 이에 대한 상품 설명과 안내를 잘 준비해야 할 것이다. 그리고 회원권 수분양자들은 회원권으로 실제 얼마나 이용이 가능한지와 이용할만한 다양한 시설을 보유하고 있는지에 관심이 많으므로 이에 맞게 다양한 리조트 상품 설계가 필요하다.

공유제(등기제)로 운영될 경우, 리조트 운영사는 자산관리업과 유사한 위탁운영을 하게 되는 것이며, 적정 관리비를 잘 책정하는 것이 중요하다. 이와는 달리 회원제로 운영하는 리조트는 숙박 경영업을 하는 것이며, 객실 가동률을 끌어올려 매출을 높이는 것이 필수적이다. 이러한 이유에서 기회원 관리뿐만 아니라, 비회원들의 영업에도 만전을 기해야 할 것이다.

분양을 할 경우에는 분양대금으로 사업 준비금(컨설팅, 설계, 법인 비용 등)과 공사비를 지급하고 나면 남는 것이 이익 잉여금이라고 할 수 있을 것이다. 등기제(공유제)로 분양을 했다면 이익 잉여금의 대부분은 개발주체인 사업주의 이익으로 남는다. 통상 조성 비용의 170~250% 수준으로 분양가를 책정하는데 사업비용을 제하고 나면 30~100% 정도 분양 이익을 남기게 된다. 그나마 이 이익률도 공사비 상승과 분양가 상승에 대한 시장 저항, 금융비용의 상승(대출금리 등)으로 마진이 줄어드는 추세이다. 100% 분양 성공을 또한 장담할 수 없는 점도 사업의 주요한 리스크이다.

다음으로 운영 단계에는 어느 정도의 영업이익을 남겨야 지속가능한 사업장이 될 수 있는지 이어서 살펴보고자 한다.

등기제(공유제) 방식은 객실가동률이 높으면 조금이나마 운영이익을 높이는 데 도움이 되겠지만, 대부분의 운영비용 보전이 관리비를 통해 충당되는 방향으로 이루어지므로 이하에서는 회원제 혹은 소유/직영 방식을 중심으로 설명하고자 한다.

호텔 업계에서는 이익과 손실이 없는 손익분기점(BEP, Breaking Even Point) 수준의 객실 가동률을 60% 정도로 보고 있다. 그러나 한정된 대지 위에 밀도 높게 조성한 호텔과 달리 리조트의 경우 드넓은 부지에 낮은 밀도로 조성된 상황을 고려하면 운영과 관리에 들어가는 비용도 더 높은 편이므로 더 높은 객실가동률과 객실요금 과금이 필요하다.[6]

---

6) 2024년 현재 기준으로 높은 객실 가동율과 객실료로 리조트 업계에서 부러움을 사고 있는 국내 리조트로 아난티 리조트를 들 수 있다. 전략적으로 Masstige 포지션이지만, 분양구좌수도 매우 많아 수분양자들은 불만이 다소 있지만 객실 가동율은 높은 편이며, 성공적인 브랜딩으로 객단가도 높게 책정되어 운영되고

숙박 객실수와 BEP 객실 가동률 관례

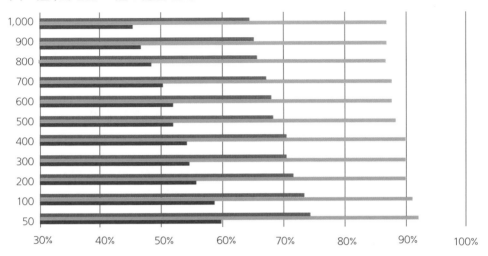

* 파란색은 주중과 비수기, 노란색은 주말과 성수기, 녹색은 연중평균을 의미

시설규모가 각각 상이한 리조트 운영 비용에는 이른바 규모의 경제효과가 성립된다. 적은 수의 객실을 운영하는 시설의 경우에도 기본적인 기능이 가능해야 하므로 운영비 비중이 상당하다. 반면, 대규모의 객실을 운영하는 시설의 경우에는 어느 정도 인력 운용의 탄력성이 있어 객실수와 규모에 비례하여 인력을 운용하지 않아도 된다. 여러 규모의 리조트에서 근무한 관계자들로부터 확인한 객실수와 객실가동률의 BEP 수치를 정리해 본 결과는 위 그래프와 같다.

이 그래프는 다양한 객실수를 보유한 실제 리조트 기업들의 손익분기점을 충족하는 객실 가동률을 보여주고 있다. 리조트마다 운영하고 있는 시설들이 달라 매출 구조가 다를 것이며 BEP 수준의 객실 가동률에도 가감이 있을 것이다. 상기의 수치들은 리조트의 숙박시설 자체에 투여되는 원가와 판관비 등 운영비용을 따로 분리하여 본 대강의 값들로 이해해 주기 바란다. 특별한 집객 시설을 따로 보유하고

있다.

있지 않은 리조트는 객실 이용에 따른 매출 의존성이 매우 크므로 위의 그래프 값들이 더욱 유의미할 것이다.

규모의 경제효과를 덜 적용받는 소규모 리조트의 경우 더욱 높은 객실가동률로 운영이 가능해야 손익분기점에 도달할 수 있다. 대규모 객실을 운영하는 리조트의 경우에도 집합건물형 호텔에 비해서 다소 높은 객실가동률을 실현해야 손익분기점에 도달한다. 실제 수치를 보면 손익분기점을 실현할 객실가동률이 만만치 않은 수준임을 알게 된다. 이는 매력적인 요소들과 수준 높은 서비스를 통해 고객들이 자주 방문하는 리조트가 되도록 하기 위해 많은 노력이 필요하다는 점을 시사하고 있다.

그렇다고 규모의 경제효과 때문에 마냥 대규모 리조트를 조성해서도 안 될 일이다. 입지와 접근성, 연간 이용객 추정 등 엄밀한 환경분석과 수요조사를 통해 적정한 리조트 조성 규모를 결정하는 전략적 판단이 요구된다.

필자는 적정규모를 판단하는 것도 중요하다고 여기고 있으나, 무엇보다 꼭 가보고 싶고 머물고 싶은 리조트를 만드는 것이 더 중요하다고 생각한다. 아무리 멀어도 찾아오게 할 매력이 넘치는 리조트는 지리적 접근성이 성공요인이라는 진부한 공식을 깰 수도 있다. 성공적인 리조트는 방문객 확보로 매출과 이익을 흑자로 유지하고 끊임없이 시설을 더 나은 곳으로 만들기 위한 연구개발을 아끼지 않으며 좋은 인재를 보유하여 이를 실현하는 곳이다. 누적된 이익은 또 다른 리조트 개발의 재원이 되며 점차 플랫폼 리조트로 더욱 단단한 경영이 가능하게 되는 선순환의 트랙을 걷는 리조트 성공사례가 앞으로 더욱 많아지길 기대한다.

리조트 분양 상품의 매력 요소 순위

　　여기서는 성공적인 리조트 분양을 위해 고려해야 할 핵심 요소들을 정리해 보고자 한다.[1] 리조트 개발 상품의 경쟁력과 관련하여 실제 시장에서 선호하는 여러 조건들을 검토하고 추진하고 있는 혹은 계획 단계에 있는 사업을 점검하는 계기가 되기를 바란다.

　　1) 환경정 비일상성(사이트 매력도), 2) 종합적 기대감(브랜딩), 3) 분양상품 자체의 특성(평형, 독립성, 골프장 유무, 차별적 시설 구성), 4) 분양 구좌수 순으로 본 장은 구성되어 있다.

1 환경적 비일상성

　　우리나라 분양시장에서 리조트 입지 사이트의 선호도는 ① 바닷가, ② 호수, ③ 강변, ④ 산악 순이다.[2]

　　해변 지역은 리조트 입지로 선호도가 높고 개발이 활발하게 이

---

1) 본 장은 현업에서 분양상품을 마케팅하는 분양 전문가들의 인터뷰 내용을 참고하였음을 밝힌다.
2) 국내 리조트 중 대명 호텔 앤 리조트만 봐도, 삼척－양양－진도의 오션뷰 리조트는 언제나 인기가 높아 예약이 어려운 반면 단양－양평－천안 사업장은 객실 가동률이 낮아 경영의 어려움이 많다.

(해변) 몰디브 노틸러스 리조트　(호수) 미국 캘리포니아, 레이크 애로우헤드 리조트 앤 스파

루어져 있다. 따라서 리조트 개발을 위한 유휴부지를 찾기가 쉽지 않으며 토지가격 자체도 매우 높은 편이다. 아울러 기존 주민과의 어업권 협상, 사구 및 해안 침식 등 환경 이슈도 있어 개발의 난이도가 높은 곳에 속한다.

파도 소리, 바람 등 바다가 주는 비일상적 환경, 다양한 해양 스포츠, Seafood 요리는 그 자체로 매우 강한 매력적 요소이다.

호수변 개발은 상대적으로 많지 않은 편이다. 수요가 적은 만큼 토지가격도 저렴하긴 하나 접근성 개선을 위한 인프라 비용이 만만치 않고, 상수도 보호 및 생태자연도 이슈와 관련한 리스크가 높으며, 가파른 경사지로 인한 개발 가용부지의 효용성이 낮다는 점을 감안해야 한다.

수변과 숲을 모두 갖춘 우수한 환경으로 수상 레저와 산악 트레킹 등 다양한 활동이 가능하여 리조트로서 아주 좋은 입지에 속한다.

강변 지역은 접근성이 양호한 지역의 경우 이미 많이 개발이 이루어져 있으며 상대적으로 토지가격이 높은 편에 속한다. 이곳 역시 수질 보호 등 다양한 환경 이슈를 헷지할 필요가 있다.

강변의 환경을 잘 읽고 경관적으로 아름다움을 살릴 수 있는 리조트 디자인이 이루어지도록 한다. 강변에 적합한 래프팅, 카약 및 카누, 트레킹, 바이크 등 여러 가지 활동 프로그램을 운영할 수 있는 장

(강변) 인도네시아 발리, Ulaman Eco Luxury Resort

점이 있다.

강변이 넓고 개방감이 있는 곳과 계곡 지역에 위치하여 산지와 인접한 곳 간에는 지형을 활용한 리조트 개발에 큰 차이가 있다. 탁 트인 곳은 건축에 용이하고 가용부지의 확보에 유리하지만 수목들이 아름답지 않아 경관적으로는 밋밋할 수 있다. 그러나 계곡 경사지는 설계와 시공에 어려움은 있겠지만 지형을 잘 활용하면 돋보이는 건축 디자인의 좋은 모티브로 활용할 수 있을 것이다.

산악 지역은 우리나라에서 가장 흔한 입지라 할 것이다. 부지 가 격이 저렴하고 대규모로 확보 가능하여 골프장과 연계한 개발이 많이 이루어지고 있다. 공급이 많은 만큼 타 경쟁시설과 어떻게 차별화할 것인지가 성공의 관건이 될 것이다.

(산지) 미국 콜로라도 주 콜로라도 스프링스, Broadmoor Resort

(산지) 미국 테네시주 블랙베리 마운틴, Relais & Chateaux Resort

산악 지역은 스키장을 개발할 수 있다면 겨울철을 성수기로 운영할 수 있는 장점이 있다. 봄과 가을은 트레킹을, 여름철은 산지의 서늘한 기후를 만끽할 수 있도록 하는 강점을 잘 살려야 한다. 다만 우리나라는 산지 리조트가 많은 비중을 차지하므로 신기성은 떨어진다.

미네랄 성분이 좋은 온천수를 개발하여 사계절 스파 특화로 차별화하는 방법, 경사지를 활용하여 멋진 풍광을 바라볼 수 있게 하는 인피니티 풀을 개발하는 방법 등 다양한 아이디어를 살려보면 좋을 것이다.

1) 방문객의 마음을 사로잡는 피칭pitching 요소를 가진 리조트

모든 성공적인 리조트들은 위치한 장소에서 그들만의 장소성을 부여하고 있는 것이 특징이다. 이는 해당 공간이 가지고 있는 인문사회적 혹은 자연환경적 스토리를 입히고 이를 건축물과 환경에 구체적으로 표현하거나 특징적인 포인트를 잡아내어 대표적 이미지로 가져가는 것일 수도 있다.[3]

이를 마케팅에서의 Pitching이라는 개념으로 표현될 수 있을 것이다. 투수가 마운드에서 승부를 결정짓기 위해 온힘을 쏟아 부어 타석을 향해 공을 던지는 것처럼, 대상을 향해 효과적으로 설득하고 공

---

[3] 한때 지나가던 개들도 입에 돈을 물고 다녔을 정도로 풍요롭다가 시대와 산업의 변화로 유령촌이 되어버린 탄광촌에 카지노, 스키장, 워터파크, 호텔 등이 집적된 복합리조트를 조성해 새로운 장소로 거듭나게 된 강원도 정선에 소재한 하이원리조트의 사례가 있다.
포도밭과 와이너리(winery) 산업에 품격 있는 체험 프로그램과 숙박시설로 새로운 명소가 된, 캘리포니아 북부에 소재한 나파 밸리(Napa Valley)의 지역성을 활용한 사례도 있다.
그리고 광활한 사막 한가운데 위치한 생명의 오아시스를 모티브로 하여 환상과 신비를 새롭게 부여하고, 극적인 경험을 선사하고 있는 중동 지역의 아랍 에미레이트에 위치한 두바이의 알마하(Al Maha) 리조트가 그러하다.

자연환경(사막과 오아시스): UAE 두바이의 Al Maha 리조트

자연환경(해변 초목지대): 호주의 캥거루 섬의 Southern Ocean Lodge

자연&인문 환경(중산간 천수답 쌀재배지): 일본 호시노 리조트의 KAI 유후인

자연&인문 환경(포도밭 지대): 북 캘리포니아의 나파 밸리 리조트

략하기 위한 정수(精髓)를 전달하는 것을 의미한다.

많은 인기 있는 유튜브 영상들도 영상물 초기 몇 초 동안 이 영상물을 보고 싶다는 마음을 끌어당기는 피칭을 담고 있다. 하물며 더 많은 돈과 시간을 쓰려는 방문자들에게 리조트는 그러한 이끌림의 요소를 필수적으로 가지고 있어야 할 것이다. 어느 특정 리조트를 마음에 떠올려 보자. 대표적 이미지가 떠오르는가? 그렇다면 이러한 요소를 가진 경쟁력 있는 리조트라고 할 수 있을 것이다.

2) 입지 환경을 창의적으로 활용할 줄 아는 리조트 개발 기획

특별한 환경적 매력 요소가 없는 곳이라고 해서 성공적인 리조트가 반드시 될 수 없다는 것을 의미하지 않는다. 환경적으로 평범한 곳에 매력적인 건축 디자인과 인테리어, 아름다운 전시 콘텐츠, 훌륭한 음악, 좋은 향기, 맛있는 식사, 근사한 목욕 등 오감을 자극하고 각인될 만한 시설적 차별화 포인트들로 승부하여 고객들에게 좋은 반향을 남긴 리조트들도 많다.[4]

리조트 개발자들은, 일본 하우스텐보스 리조트처럼, 공업단지 조성에 실패한 평범한 나대지에도 의미있는 새로운 생명력을 불어 넣을 줄 알아야 한다. 더구나 자연경관이 빼어난 수려하고 아름다운 환경이라면 천국을 연상하게 할 정도로 환상적인 심미적 공간으로 창출할 수 있어야 한다. 심지어 우주 호텔이나 해저 호텔처럼 상상할 수 없는 방법으로 공간을 재해석하여 고객이 머물 수 있는 곳으로 만들어 내는 마법을 부릴 줄도 알아야 한다.

---

4) 이와 관련하여는 책의 마지막에 별첨으로 눈여겨 볼만한 시설들을 정리해 두었다. 참고하기 바란다.

평범하면 평범한 대로, 아름다우면 아름다운 대로, 독특하면 독특한 대로 다양한 공간과 환경을 재해석하고 담아내는 일은 리조트 개발기획자들의 핵심 역량이다. 남아프리카 공화국의 선 시티(Sun City)처럼 대규모 도시로 혹은 인도 북부 란탐보르 국립공원에 위치한 아만 이 카스(Aman I Khas)처럼 가만히 숨겨진 자그마한 텐트로도 공간에 새로운 의미를 부여할 수 있을 것이다.

3) 자연에 순응하는 리조트 개발 계획

과거에는 토지용도와 지구단위계획에서 허용하는 최대한의 용적률을 적용하고 건축물의 형태 또한 내부공간의 효율성을 극대화할 수 있는 직육면체 모양의 리조트 건축물이 많았다. 이러한 건축 대지를 조성하기 위해서 주변 경사지는 절토하고 성토하게 되면서 인공미가 물씬 풍기는 거대한 수직벽들이 생겨나기도 했다.

그러나, 최근에는 경관심의나 건축심의 과정에서 자연과 지형에 순응하는 건축물에 대한 규제와 요구가 강화되고 있는 추세이다. 사업자 입장에서 건축물의 층고와 용적률 축소, 건축비의 상승 요인 등으로 어려운 부분이긴 하나 건축물 자체의 미적 측면에서는 한층 나

강원도 홍천 대명 호텔&리조트의 비발디 파크

옥상조경과 지형순응　지형선 순응한 매스　자연 대비 강조　적극적 건축선 표현
　　　①　　　　　　　　②　　　　　　③　　　　　④

아지고 있으며 트렌드로 자리 잡아가고 있다고 하겠다.

　건축물의 디자인은 창의적인 영역이라 일률적으로 정리될 수 없다. 여기서는 최근에 점차 자리 잡아 가고 있는 자연에 순응하는 건축 형태에 대하여만 간략히 소개하고자 한다.

　첫 번째로는, 지형을 활용하여 건축물을 조형하고 옥상 조경 등을 적극적으로 활용하여 인공적인 느낌을 최소화하는 방안이다. 객실에서도 자연의 풍광이 눈앞까지 연결된 느낌을 주어 자연 속에 있는 듯한 숙박 경험을 제공할 수 있다.

　두 번째로는, 우리나라에서 가장 흔히 쓰고 있는 자연순응형 건축물 조형방식으로 인근의 지형선을 검토하고 이에 따라 건축물의 매스와 형태를 정리하는 것이다. 주변 지형과 어느 정도 순응적인 타협을 하면서도 용적률을 확보할 수 있는 방식이다. 건축물 여유공간마다 약간의 녹화를 통해 좀 더 자연친화적 표현을 하기도 한다.

　세 번째로는, 자연 속에서도 건축가의 강한 자신감과 조형미를 강조하고자 할 때 오히려 직선과 곡선 그리고 기하학적인 표현을 담은 건축 디자인을 하는 경우이다.[5] 이 디자인은 인허가 과정에서 경

---

5) 국내에도 최근 이러한 건축물이 많이 선보이고 있다. 강원도 원주의 뮤지엄 산,

관심이나 건축심의 때 건축가의 설계 철학과 논리가 설득력을 가지고 있어야 한다. 건축물 자체가 기하학적인 예술적 가치와 아름다움을 담고 있을 경우, SNS 등을 통해 유명세를 타는 경우가 많다.

대신 건축물의 소재는 노출 콘크리트나 석재·목재 등 자연적 느낌의 재료를 사용하여 조형미에 집중하도록 계획하고 있다. 물론 좀 더 적극적인 건축가들은 소재조차도 메탈·유리 등을 사용하여 파격적인 표현을 하기도 한다. 그렇더라도 전체적인 느낌은 여러 소재를 복합적으로 쓰지 않고 심플한 방식으로 풀어내는 편이다.

마지막으로는, 두드러진 기하학적 조형의 건축물로 자연과 대비되면서도 자연을 적극적으로 담아서 표현하는 경우이다. 미국 산호세의 애플사 신사옥, 충남 서산의 국립생태원 에코리움 같은 경우가 이에 해당한다.

4) 일반적 공간이 의미를 가진 장소성을 띠도록 하는 리조트 개발

리조트 개발 기획가들과 다양한 예술창작가들의 손을 거쳐 일반적이고 평범했던 공간은 새롭고 특별한 장소로 다시 태어나게 된다.

지금은 세계적인 휴양지로서 수많은 리조트가 입지해 있고 카리브 해와 멕시코 만의 크루즈 선박들이 정박하는 관광단지인 멕시코의 캔쿤이지만, 예전에는 길게 늘어선 해안사구와 석호로 이루어진 하나의 평범한 해변에 지나지 않았다. 과거에는 가끔 들르는 지역 어부들의 어로 활동 지역이면서 아이들의 놀이터였다면, 이제는 연간 약 9

경북 군위의 사유원, 제주도 서귀포시 안덕면의 水風石 박물관, 제주도 서귀포의 유민미술관, 울릉도의 힐링스테이 코스모스 리조트, 강원도 홍천의 유 리트리트(U Retreat) 리조트, 부산 기장의 웨이브온 카페, 제주 방주교회, 제주 포도호텔 등이 있다.

1970년대의 멕시코 캔쿤 해변과 오늘날의 모습

백만 명의 휴양 관광객이 방문하는 번화한 장소로 변모하였다.

소멸지역을 되살리는 사업 아이템으로 리조트 개발을 염두에 두고 있다면, 이처럼 공간을 새로운 장소로 만들어가는 리조트의 역할과 중요성을 눈여겨 볼 필요가 있다. 하나가 둘이 되고 둘이 넷이 되며 넷이 열이 되면서 장소성이 만들어져 가면 그 장소와 교감하는 사람들이 그곳을 채우고 머물게 된다.

통제할 수 없고 완벽하게 의도대로 장소성이 형성되지는 않겠지만, 시작되는 작은 장소성이 나중에 거대한 장소성을 만드는 키 잡이 역할을 하는 것은 분명하다. 향후 리조트 개발을 앞두고 있는 어느 지역이든 이러한 점을 인식하고 해당 공간이 장차 어떤 장소성을 가지게 될지 혜안과 통찰력을 가질 수 있도록 부단히 노력해야 할 것이다.

2 종합적 기대감: 브랜드 인지도와 서비스

우리나라 관광 소비자들은 다른 소비재와 마찬가지로 브랜드 자체를 소비하려는 성향이 강하다. 유사한 리조트라도 이왕이면 비용을 더 얹어서라도 브랜드 리조트를 이용하고 싶어 한다.

브랜드 활용 방식에는 다음의 네 가지 경우가 있다. ① 글로벌 체인 브랜드, ② 로컬 리더 브랜드, ③ 일부 브랜드 차용 혹은 위탁, ④ 자체 브랜드

첫째, **글로벌 체인 브랜드**를 활용할 경우, 일반인들에게 이미 익숙한 유명 브랜드를 쓸 수 있다는 장점이 있다. 계약에 의해 개발과정과 운영 위탁 등에 브랜드를 사용하게 되는데 로열티와 기타 비용을 지불하여야 한다. 국내에서는 반얀트리 브랜드와 하위 브랜드를 도입한 사례가 있다. 분양이나 운영성에 도움이 되는 반면, 매출 및 수익에서 많은 비용을 지불해야 하는 사업자의 부담이 있다.

둘째, **로컬 리더 브랜드**를 활용하는 경우로, 이 경우에도 일정한 비용을 지불하는 조건으로 브랜드 자체를 개발 내용에 사용하거나 운영까지 위탁하게 된다. 조선호텔, 호텔신라, GS계열 파르나스 정도의 인지도를 가진 로컬 브랜드들이 국내 리조트 사업에 브랜드 사용에서 운영 위탁까지 참여하고 있다. 고객 입장에서는 브랜드가 없는 호텔이나 리조트보다는 무언가 더 나은 시설과 서비스를 제공 받을 것이라는 기대를 하게 된다. 분양 과정에서 시행사는 이 점을 공략하여 성공적인 분양을 위한 마케팅 활동에 활용한다.

셋째, **일부 브랜드** 활용은, 브랜드 없이 사업을 진행하는 것에 대한 불확실성이 있으나 앞서 글로벌 혹은 로컬 브랜드 사용에 큰 비용적 부담을 느낄 경우에, 글로벌 건축가를 설계에 참여시킨다든지 유명 호텔리어나 유명 쉐프를 스카웃하여 운영에 참여하게 하는 것을 홍보에 활용하는 형태로 자체 브랜드의 한계를 보완하는 방식이다.

마지막으로, **자체 브랜드**로 사업을 진행하는 경우이다. 이미 복수의 사업장으로 체인화의 과정을 걷고 있어 자체 브랜드를 계속 키

워가는 경우나, 이제 처음 시작하는 단일 사업장이지만, 브랜딩을 통해 자체 브랜드를 론칭(launching)하는 경우에 해당된다. 중장기적으로 사업 확장을 지속하기 위해서는 리조트 컨셉을 잘 설정하여 브랜딩하고 고객에게 브랜드 인지도를 높이기 위한 꾸준한 마케팅 진행이 필요하다.

이 즈음에 필자는 브랜드의 파워를 활용하는 것도 좋은 전략이겠지만, 본질에 충실한 리조트 운영이 더욱 중요하다고 강조하고 싶다. 고객을 오시게 하기 위한 브랜드 활용도 중요하지만, 오신 고객이 거듭 방문할 수 있도록 서비스와 운영에 만전을 기해야 한다. 피상적인 브랜드를 경험하게 하고 감동적 모멘텀은 없는 리조트가 되어서는 안 된다. 한 번도 안 오신 고객은 있을 수 있지만 한 번만 오시는 고객은 없도록 해야 할 것이다. 리조트 운영에서 재방문객의 안정적 확보는 지속 가능한 사업장이 되기 위한 필수 조건이다. 방문한 고객들에게 쾌적하고 아름다운 시설, 친절하고 따스한 근무자들의 환대, 가족과의 오래 기억될 추억과 경험, 근사한 식사, 그리고 머물렀던 곳의 브랜드가 인상 깊게 남을 수 있도록 해야 한다. 유명 브랜드를 프랜차이징하고, 거기에 걸맞은 감동 서비스까지 제공된다면 금상첨화의 리조트라 할 것이다.

3 분양 상품 자체의 특성

1) 평형대: 실(사용) 면적 기준6)

기존 리조트의 노후화된 숙박시설들은 20평형 전후의 콤팩트한

---

6) 실사용면적 = 객실전용면적 + 서비스 면적(발코니 등 확장면적)

객실 평형대가 많았다. 최근에는 다양한 숙박객들의 수요를 감안하여 객실 평면 계획(Unit Floor Plan)에 있어 평형대의 선택지가 다양해졌다. 최근 추세는 한 번 가더라도 좋은 여행 경험을 위해서라면 높은 비용을 지불하고자 하는 여행객이 늘었다. 이에 객실 평형대는 점차 넓어지고 있다. 또한 실속형 여행객을 위한 작은 평형대에도 평면 설계를 잘해서 공간적 차별화를 더하고자 하는 노력도 끊임없이 진행되고 있다.

리조트 객실의 평면 설계와 관련하여, 개인적으로는 우리가 늘상 살고 있는 아파트 등 주택의 공간을 지양하고 리조트라는 특별한 공간의 감성을 충분히 살렸으면 하는 바람이다. 그러나 실제 현업에서 일해 보면 그것이 쉽지 않았다. 분양 물량을 확보하기 위해서 많이 쪼개되 아쉽지 않도록 이것저것 다 구겨 넣다 보면 어느 순간에는 아파트 같은 평면계획이 되어버리는 경우가 많았다.

리조트 숙박 객실의 평면 설계를 위한 선결조건은 어떤 고객을 타깃으로 할 것인지에서부터 결정되어야 한다. 이에 따라 적합한 평형대와 내부 구조 및 시설 구성을 구체화할 수 있을 것이다.

아만 도쿄의 객실 스파: 전망이 보이는 방에 오직 스파만 심플하게 구성

평형대	숙박인원	Bay수	계획 시설	타켓팅
10평	1~2명	1~1.5	침실, 화장실, 샤워실, 세면대	2인 커플
20평	2~4명	2~2.5	침실, 화장실, 샤워실, 세면대 욕조, 발코니(야외 차 테이블)	2인 커플 3~4인 가족
30평	4~6명	3~3.5	침실2, 화장실, 샤워실, 세면대, 파우더룸, 공용 욕조, 발코니(야외 차 테이블)	4인 가족
50평	4~8명	3~4.5	침실2, 화장실, 샤워실, 세면대, 욕조, 파우더룸, 소파, 드레스룸, 간이주방 공용거실, 공용 주방 및 테이블, 발코니(pool, 소파)	4~8인 가족
70~80평	4~8명	3.5~5	침실2~3, 화장실, 샤워실, 세면대, 욕조, 파우더룸, 소파, 드레스룸, 개별주방, 공용거실, 공용 주방 및 테이블, 발코니(pool, 소파, 야외 테이블, 선베드)	4~8인 가족, 지인

한국의 대부분 리조트가 집합숙박 건축물에 해당하므로 조망을 위한 전면부가 구조상 편측(다른 반대측은 공용복도)에 위치하는 것이 일반적이다. 이에 리조트 개발 기획의 실무상 내부 구조와 시설 구성을 이해하는 데 주요한 개념인 "Bay"를 이하에서 소개한다.

Bay란 건축 구조물의 기둥과 기둥 사이의 구획된 공간을 의미한다. 햇볕이 드는 발코니, 테라스, 혹은 베란다 공간과 맞닿아 있는 구획의 수를 일컫는데 리조트 객실의 경우 통상 10평 정도를 1 bay로 계획한다.[7] 그러나, 중대형 50~70평형대를 넘고부터는 프리미엄 리조트의 경우 Bay 수의 증가로 공간을 분리 구획하기보다는 각 Bay 자체의 면적을 키워 공간감을 부여하게 되므로 평형대에 비례적으로

---

7) 단독 빌라 등 독채의 경우는 사면이 열린 공간에 조성되므로, 집합숙박동에 비해 Bay에 따른 공간 구획 개념이 희박해진다. 예를 들면, 100평형대의 고급 리조트 빌라의 경우 야외에 접한 3~4면에서 각각 2~4 bay로 계획될 것이다.

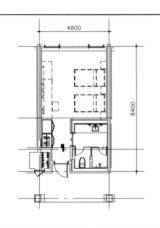		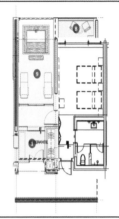
10평형대	**20평형대**	**20평형대 + @**
1 bay로 평면 계획되어 있다. 아래측 현관에서 들어가면, 우측에는 욕실과 화장실이 있고 내측에는 침실이 위치한다.	2 bay로 평면 계획되어 있다. 침실, 욕조와 화장실을 1bay로 분리하였다. 아래측 현관에서 들어가면, 연결된 침실이 있고, 작은 테이블과 야외 발코니가 있다. 또 다른 bay 공간에는 리조트의 감성을 담아 파우더룸과 화장실, 샤워실, 전망 욕조로 특화하였다.	2 bay로 평면 계획되어 있다. 10평형대에서 히노끼탕을 특화하기 위해 약간 공간을 늘였다. 아래측 현관에서 들어가면, 우측에는 욕실과 화장실이 있고 내측에는 침실이 위치한다. 다른 Bay에는 전용 욕실을 배치하여 좁은 20평형대에도 차별화된 구성을 시도하고 있다.

	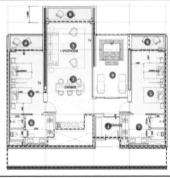
30평형대	**45평형대**
3 bay로 평면 계획되어 있다. 아래측 현관에서 들어가면, 리조트 전용 히노끼 탕이 전면에 보이도록 하여 분위기를 잡아 주는 Bay를 구성하고, 좌우측 끝에는 침실과 내부 화장실이 각각 1bay씩 배치되어 있다.	4 bay로 평면 계획되어 있다. 아래측 현관에서 들어가면 리조트 전용 히노끼 탕이 전면에 보이도록 하여 분위기를 잡아 주는 Bay를 구성하고, 중앙의 또 다른 Bay는 거실과 주방을 두었다. 좌우측 끝에는 침실과 내부 화장실이 각각 1bay씩 배치되어 있다.

출처: 단양 ○○프로젝트의 골프텔 설계 예시(미정)

bay 수가 늘지는 않는다.

리조트에서 건축물 연면적의 상당 부분을 차지하는 객실 설계의 특징을 살펴보고자 한다. 모든 객실 평면도는 개발 과정에 참여한 여러 사람들의 검토를 거쳐 최종적으로 확정된다.

한정된 공간에 모든 것을 다 담을 수는 없기 때문에 다른 시설들과 어떻게 차별화할지 어느 시설을 주안점으로 할지에 따라 같은 평수라도 내용과 구성이 상이하다. 평면도를 들여다보면 이러한 고심이 담긴 특징들이 드러난다.

다음의 평면도는 리조트 내의 단층형 독립 빌라의 사례이다. 건축면적[8]은 대형 평형대로 약 130평이며, 테라스에서 맞닿아 있는 Bay 수는 총 3개로 구획되어 있다.

침실/욕실/드레스룸이 하나로 묶인 bed room이 총 4개, 거실과 공용 키친으로 구성된 living room이 1개, 외부 발코니에는 Sunken

---

8) 건축면적은 통상 1층의 바닥면적으로 통상 이해하고 있다. 정확히는 지표면상 1미터 이하가 되는 부분은 제외하고 건축물의 외벽 중심선으로 되어 있는 수평투영면적을 의미한다. 쉽게 표현하면, 건축물 상공에서 내려다보았을 때 지상에 놓인 건축물의 외곽 모양을 의미한다. 다양한 구조물 형태로 건축될 경우, 바닥에 접한 건축물 외벽과 수평투영된 건축선이 다른 경우가 많으므로 우리가 통상 이해하는 1층 바닥면적과 상이한 경우가 많다는 정도만 이해하면 좋겠다. 여기서 연관된 건축 용어로 건폐율이 있다. 건폐율(建蔽率)은 건축 용어로 전체 대지면적에 대한 건축면적의 비율을 뜻하며 백분율로 표시한다. 건(建)축물이 대지를 덮도록(蔽) 허용된 비율이다. 건폐율이 높을수록 건축할 수 있는 면적이 많아져 건축밀도가 높아지므로, 적정 주거환경을 보장하기 위하여 건폐율의 상한선을 지정하고자 만들어진 제도이다.
산정식은 다음과 같다.
건폐율 = (건축면적/대지면적) × 100(%)
예를 들면 녹지 공간이 더 필요하다고 판단되는 토지용도에서는 녹지지역 · 자연녹지지역 · 생산녹지지역에는 2/10 미만, 주거전용지역에는 5/10 미만, 주거지역 · 준공업지역 · 공업지역 · 전용공업지역에서는 6/10~7/10 미만, 준주거지역 · 상업지역에서는 7/10~8/10 미만(국토의계획및이용에관한법 제77조)이어야 한다는 상한제를 두고 있다.

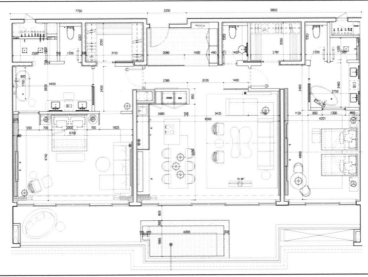

70평형대

3bay로 평면 계획되어 있다.

위측 현관에서 들어가면 만나는 전면 중앙 공간은 넓은 거실과 공용 대형 키친, 공용 화장실로 배치되어 있다. 좌우 측 중앙 복도 끝에는 침실, 화장실, 욕조, 파우더룸, 드레스룸이 하나의 넓은 Bay로 독립된 공간을 형성하여 4인 가족이 쓰기에 부족함이 없게 계획되어 있다.

넓은 외부 발코니에는 인피니티 풀과 야외 티테이블이 구성되어 있다.

출처: 단양 ○○프로젝트의 골프 호텔 스위트룸 설계 예시(미정)

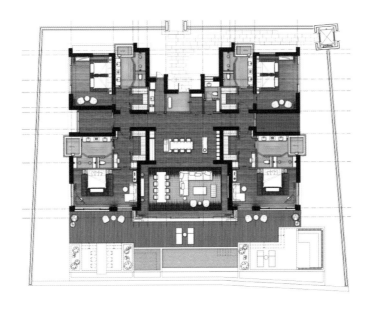

티 테이블과 인피니티 풀, 아웃도어 캠핑 느낌을 더할 야외 테이블이 한 공간으로 계획되어 총 6개 공간으로 구성되어 있다.

4인 가족 2팀과 대가족 그리고 골퍼 2팀(커플 4팀)이 충분히 체류 가능한 공간이다.

건축 전공자라면 이미 알고 있겠지만, 리조트에서는 일반 주택과 달리 다양한 형태의 입체적 확장 구조물을 활용하고 있으므로 유사 개념들을 숙지할 필요가 있어 소개한다.

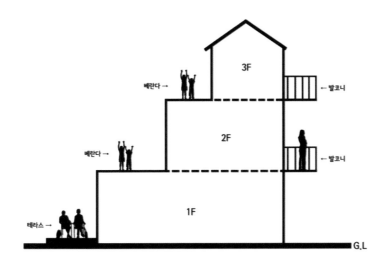

① 베란다Veranda

베란다는 아래층의 구조물 지붕 면적을 위층에서 사용하는 공간으로 건축물 용적률 산정에 산입되지 않는다. 아래층이 넓고 위로 갈수록 면적이 줄어들거나 경사지에 지을 경우 이러한 공간이 형성된다.

아파트 등 공동주택에서 베란다 확장이라는 표현은 실제로는 발코니 확장을 의미한다. 즉, 거실 앞에 위치하여 (시스템) 창호로 실내화 되어 화분을 가꾸거나 창고처럼 쓰는 공간을 흔히 아파트의 베란다라고 부르고 있으나 잘못 사용하고 있는 것으로 엄밀한 의미에서 발코니라고 칭해야 한다.

② 발코니|Balcony

발코니는 원래 무대 옆의 특별 관람석을 의미하고 우리말로는 노대라고 한다. 2층 이상의 건축물에서 공간확장을 위해 바닥면을 연장하여 외부로 돌출시킨 공간이며 법적으로 1.5m가 넘을 경우 면적에 산입된다. 공동주택에서 발코니 확장은 서비스 면적으로 부르며 합법적인 공간이나 전용면적[9] 포함 여부가 다를 뿐이다.

---

9) 공동주택, 리조트, 호텔 등 분양 사업에서 개념적으로 구분해서 알아야 할 것으로 전용면적, 공급면적, 공용면적, 서비스 면적 등이 있다.
먼저, 우리가 흔히 쓰는 **분양면적**은 공식적인 용어로는 **공급면적**이라고 한다. 공급면적은 전용면적과 '주거'공용면적의 합이다. 복도식, 계단식, 복합식에 따라 공급면적 대비 전용면적 비율에 차이가 있다. 공동주택의 경우 주거공용면적의 비중은 20~30% 정도이다.
전용면적은 각 세대 혹은 수분양자가 독립적으로 쓰는 공간의 면적이다. 침실, 거실, 주방, 화장실, 욕실들이 이에 해당된다. 여기에는 확장된 전용공간인 베란다나 발코니의 경우 **서비스 면적**이라고 하여 별도 면적으로 구분된다. 전용면적과 서비스 면적을 합하여 편의상 **실(사용)면적**이라고 부르기도 한다. 고급 리조트의 경우 전용면적에 비해 실면적이 큰 편이다.
단독주택은 일반적으로 아파트 등 공동주택에 비해 전용면적이 같은 평형대를 기준으로 좁아 보이는데 단독주택은 건축외벽의 중심선을 기준으로 계산되나 공동주택은 건축내부선을 기준으로 산정되기 때문이다.
공용면적은 공동주택의 경우 주거 기능을 위한 주거공용면적과 기타공용면적으로 나뉜다. '주거'공용면적은 계단실, 복도, 엘리베이터 등 공동주택건축물 내부의 공용공간을 의미하고, '기타'공용면적은 노인정·스포츠센터 등 커뮤니티 시설, 지하주차장, 관리사무소 등 별도 건축물의 면적을 의미한다.
한편 **계약면적**은 전용면적과 주거공용면적을 합한 분양면적에 기타공용면적을 더한 실제 계약시의 면적을 말하며 여기에는 발코니 등의 서비스 면적이 제외된다. 리조트 및 호텔시설에서는 계약면적에서 기타공용면적이 매우 큰 비중을 차지한다. 프리미엄 리조트는 50~70%까지, 일반 리조트는 30~50% 수준이다. 일부 단독형 빌라 리조트에서는 기타공용면적을 줄이고 그 시설들을 전용면적으로 포함하여 계획하는 추세이다. 사업자 입장에서는 분양가를 높일 명분이 되며, 수분양자 입장에서는 독립성과 분양시설 가치와 상품성이 좋아진다는 이해관계가 맞기 때문이다. 그러나 리조트의 대형 수영장, 스파, 식음시설 등 기타공용시설은 메인 시설의 활성화와 영업력에 필수적인 요소들로 이를 개별화할 경우 예상되는 단점들도 잘 고려해서 방향을 정해야 할 것이다.
당연하지만 고급 공동주택의 경우도 다양한 커뮤니티 시설을 포함하고 있기 때문에 일반 공동주택에 비해 계약면적 내 기타공용면적의 비중이 크다.

③ 테라스Terrace

테라스는 의미상 땅(Terra)과 연계된 것으로 지상층(1층)에 외부로 연장된 공간을 의미한다. 공간 활용을 높이기 위해 정원의 일부에 데크 등으로 바닥면을 만들고 펜스 정도를 설치하여 구획을 정리한다. 고급 빌라 혹은 분양형 숙박시설에 1층이 아닌 상층부의 베란다를 정원처럼 조성하고 "테라스 하우스"라고 개념적으로 잘못 사용하고 있기도 하다.

④ 포치Porch

포치는 건물의 현관 또는 출입구 외부에 지붕으로 덮인 공간을 말한다. 그러나 포치가 연장되어 건축물의 측면까지 덮을 경우 사실상 테라스와 구별하기 어렵다.

Porch 포치   Patio 패리오

⑤ 패리오Patio

패리오는 안마당(안뜰)으로 주택 뒤편에 조성되어 있는 작은 정원 공간을 의미한다. 테이블, 의자, 화분, 화단, 장식품, 파라솔 등으로 만들어진 야외 공간이다. 바닥은 잔디 혹은 석재나 콘크리트 등으로 되어 있다.

이하에서는 성큰 가든, 아트리움, 중정 순으로 대표적인 건축물의 Void 공간들을 소개하고자 한다.

⑥ 선큰 가든Sunken Garden: 뜨락정원

리조트 부지 형상에 따라 지표면에서 움푹 들어간 곳에 공연장, 가든 등을 조성한 야외이면서 자연 채광이 드는 곳을 의미한다. 우리나라 리조트 부지 특성상 다양한 경사지가 많아 이러한 지형을 잘 활용하면 특이한 공간으로 꾸밀 수 있다.

삭막한 건축물의 환영받지 못하는 지하나 지하통로 공간이 조금이나마 차분하고 자연의 감성을 느낄 수 있는 공간으로 연출될 수 있을 뿐더러 휴식 및 대기 공간, 레크레이션을 위한 공연장, 판매시설 등을 위한 공간으로 활용될 수 있다.

두바이 리츠칼튼 호텔, Shisha 카페의 Sunken Garden

⑦ 아트리움Atrium

원래 아트리움은 고대 로마의 저택 건축에 있어 입구에서 주택으로 들어가는 이동로에 지어진 홑식 안뜰을 의미하였다. 이 건축 모티브를 딱딱한 현대의 대형건물과 리조트, 호텔에도 적용하여 야외 혹은 유리지붕 등으로 실내화하여 공간 전이의 기대감과 좋은 인상을 남기는 순기능을 하고 있다.

아트리움 구조를 활용하면, 기능적으로도 난방 관련해서는 태양열을 적극적으로 활용하고 열 손실을 줄이며, 냉방 관련해서는 차양막과 개폐 등을 활용하여 태양열을 감소시키고 내부 냉기를 유지하여 에너지 효율을 개선하는 효과가 있다. 그리고 무엇보다 전시·행사·만남 등을 위한 유효공간을 추가로 확보할 수 있다는 장점이 있다.

대형 상업시설에서는 집객 공간으로 기능하여 임대율 상승 등 건물의 운용가치를 제고하는 역할을 하기도 한다.

아트리움(Atrium)

⑧ 중정中庭, Courtyard

앞서 아트리움과 비슷한 개념으로 혼동될 수 있다. 명칭에서 드러난 것처럼 건축물의 비어 있는 공간을 정원과 같은 공간으로 조성하여 그 활용성을 높이고자 하는 것이 주목적이라고 할 수 있다.

중정과 아트리움의 차이점을 정리하면 다음과 같다.

구 분	중 정	아트리움
위치, 구조	주로 건물 외측 단일 층에 연결, 개방	주로 건물 내부 여러 층을 관통하고 연결
용도, 기능	외부 공간 휴식, 레크리에이션, 사교	내부 공간 조명, 환기 개선 공간의 시각적 매력, 통합
디자인 요소	자연과의 연결성 중점	자연광 활용 중점 건물의 다른 공간 연결

⑨ 캔틸레버Cantilever

마지막으로 우리나라의 경사 지형에 유용하게 활용될 수 있는 건축물의 구조인 캔틸레버를 설명하고자 한다.

통상 건축물을 경사지에서 조성할 때 지면을 평탄화하는 방법을 많이 활용한다. 한쪽은 절토, 다른 한쪽은 성토를 하게 되고 성토하는 곳에는 안전성 범위 내에서 경사지로 하거나 옹벽 공사를 통해 수직 벽으로 대지를 확보하는 것이 일반석이다.

그러나, 캔틸레버 방식을 적용하면 시각적으로도 개방감을 확보하고 비일상적 거주 혹은 숙박 경험을 제공할 수 있는 강점이 있다.

캔틸레버는 우리말로 외팔보라고 하며, 한쪽 끝은 고정되고 다른 쪽 끝은 자유로운 들보를 뜻한다. 캔틸레버는 고정단에 발생하는 휨

모멘트와 전단력을 통해 하중을 지지하는 구조 형태이다. 이는 건축물, 교량, 탑 등의 고정 구조물 외에도 항공기 날개 등에 대표적으로 사용되는 개념이다.

외팔보, 캔틸레버(Cantilever)

개념 정리 ② 온수 탕의 종류와 차이점

이하에서는 따스한 물을 담아 미용, 피로 회복, 건강 증진, 질병 치료 등을 위해 사용되고 있는 여러 형태의 목욕 방식들이 개념적으로 혼재되어 사용되고 있어 정리해 보고자 한다.

① 스파Spa

스파는 우리나라의 온천욕과 동일한 의미로 지하, 암반 등에서 취수한 미네랄 등의 광물 성분이 포함된 물을 목욕물로 사용한다는 포괄적 개념이다.[10]

② 월풀Whirl Pool

소용돌이를 의미하는 Whirl과 욕조를 의미하는 Pool을 보통명사로 합성한 것[11]이다. 제트펌프가 물살을 만들어 내는 작동 원리에 기반하고 있으며, 공기펌프로 기포를 발생시키는 자쿠지와는 다른 개념의 욕조 시스템이다. 하지만 기포도 같이 나오는 제품이 많아 이제는 구별하는 것이 크게 의미가 없다.

월풀 욕조 제품은 물 순환펌프 그리고 제트펌프, 온열 히터, 여과기, 제어판 등 여러 기능을 갖추고 있다.

---

10) 바데풀(Bade Pool)도 많이 쓰고 있는데, 영어인 Bath처럼 독일어로 Bade이며 온천욕과 같은 수치료, 건강증진 목욕을 의미한다.
11) 미국 백색가전 제조사인 Whirlpool사는 세탁기, 냉장고 등으로 국내에 알려진 브랜드이나 욕조와는 무관하다.

③ 자쿠지 Jacuzzi

자쿠지는 기포가 나오도록 만들어진 욕조의 브랜드 이름이었다. 일본어 같지만 이탈리아어이며 이탈리아 출신의 창업자들이 명명한 데서 유래한다. 호치키스(Hotchkiss)라는 상품명이 마치 보통명사인 스테이플러(Stapler)와 혼용해서 쓰이는 것처럼[12] 현재 리조트 등지에서 프라이빗한 분위기의 욕조를 – 기포와 상관없이 – 자쿠지로 부르고 있는 상황이다.

자쿠지 욕조 제품은 물 순환펌프 그리고 공기펌프, 온열 히터, 여과기, 제어판 등 시스템을 갖춘 일체형이 많다.

자쿠지(Jacuzzi)

④ 히노끼 탕

일본의 료칸 숙박에서 편백나무(檜木, Hinoki cypress)로 짜여진 욕조에서 목욕을 하는 것을 의미한다. 물에 강하고 편백나무에서 항균

---

12) 특정 상품명이 보통명사화된 것들로 1930년대 세계 최초로 유압방식으로 굴삭하는 시스템을 시장에 출시한 상품명 포크레인(Poclain, 프랑스어 뽀끌렝)이 있다. 영어 정식 명칭은 Excavator 혹은 Digger이며 우리말로는 굴착기 혹은 굴삭기라고 부른다.

성분이 나온다고 하여 오랫동안 건축 마감재나 욕조 소재로 널리 쓰여 왔다. 그러나 천연 소재가 다 그렇겠지만 사용시 세심한 관리가 필요하다.

야외에서 사용할 경우, 장기간 사용하지 않은 상태로 햇볕 등에 노출되어 건조해질 경우 소재가 갈라지고 기능을 잃게 되므로 주기적으로 물을 적셔 주고 커버를 씌워 관리해야 하는 수고로움이 필요하다.

실내에서는 장기간 사용하거나 습한 상태에 오래 있게 되면 곰팡이나 변색 및 변형이 발생하므로 상시 물을 담아 두지 않아야 하며 필요시 사포 등으로 표면 관리를 정기적으로 해주는 것이 좋다. 미끌거리거나 검게 변한 경우 관리 미흡으로 목욕하기에 적합한 상태가 아니다. 실제 편백나무는 밝은 살색에 가깝고 나무결이 살아 있다. 많은 경우 히노끼 탕을 설치했다가 청소하고 관리가 쉬운 타일이나 대리석 욕조로 바꾸게 된다는 점에서 관리가 쉽지 않다는 것을 알 수 있다.

히노끼 탕

2) 독립성Privateness

리조트 숙박시설의 분양에 있어서 나만의 공간이 외부로부터 방해받는지 아닌지는 중요한 고려요소 중 하나이다.

먼저 집합건물인 리조트 콘도미니엄이나 호텔의 경우, 건축 시 다소 공사비가 비싸고 건축 실사용 면적에 손실이 있더라도 소음을 최소화하기 위한 적합한 시공 방법을 써야 할 것이다. 기둥식과 무량판 구조를 적용하는 것이 좋은데 이는 별도로 설명한다.

다음으로 독채인 경우이다. 해외 리조트의 경우 부지면적에 제약이 적어 한 채당 면적을 여유 있게 가져가므로 독립성이 크게 간섭받지 않는다. 객실 동 간에 식재 등을 활용한 시각적 차폐를 많이 활용한다.

그러나 우리나라는 부지매입 가격이 높고 상대적으로 좁은 부지에 많은 객실수를 확보하여 분양 수익을 극대화하고자 하기 때문에 독립성을 지키기 쉽지 않다. 막상 분양받아 놓고 보니, 옆집 소리가

객실의 독립성: 태국, 가오야이 국립공원 인근 Veravian Resort

다 들린다면 고가의 프리미엄 리조트라는 이름이 무색해질 것이다.

조금만 더 이격해서 건축물을 배치하면 제일 좋겠으나, 여의치 않을 경우에는, 건축물의 주된 방향을 조금씩 틀어서 배치하거나 다소 답답해 보이는 것을 감내하더라도 편측 담을 사용하여 물리적으로 분리하는 방법을 사용하는 대안을 강구해야 한다.

건축물의 구조는 크게 벽식, 기둥식, 무량판식 3가지로 볼 수 있다. 구조에 따라 공사비, 공사 기간, 소음 정도, 리모델링 편의성 등에 차이가 있다.

토지가가 높은 지역의 주택 분양을 위해서는 층고가 낮고 상대적으로 평당 공사비가 저렴한 벽식 구조를 사용하는데 우리나라 아파트의 97~98%가 이 구조이다.

앞서 언급하였듯이 고급 리조트라면 공사비가 다소 더 들더라도 높은 층고와 낮은 소음으로 공간적 쾌락성에서 우월한 기둥식 혹은

구분	벽식	기둥식(라멘 구조)	무량판
개요	벽체가 천장을 받치는 구조	천장에 수평으로 설치한 보가 기둥으로 연결되어 천장을 지지	보 없이 바닥을 두껍게 만들어 지탱하는 구조
특징	낮은 층고 가능 층간 슬라브가 두터움	층고 높음 층간 슬라브 얇음	층고 높음 기둥의 하중내력 중요
공사비	저렴	비쌈	비쌈
공기	짧다	길다	길다
내구성	중	상	중상
소음	불리 (벽체를 타고 전달)	유리 (기둥/보 소음 분산)	중간 (어느 정도 분산)
리모델링	불리 (노후배관 등 설비교체 어렵고, 구조변경이 불가)	유리 (기둥 때문에 공간의 손실 발생은 단점)	유리 (공간 활용에 유리)
공식명칭	철근콘크리트구조	철골철근콘크리트구조	

무량판식 구조의 건축물을 짓는 것을 권장한다.

3) 골프장의 유무

우리나라는 높은 토지가격, 환경 이슈 등으로 신규 골프장 부지를 확보하기는 매우 어렵다. 그러나 고가의 프리미엄 리조트 분양에 있어 골프장의 유무는 상품성에 큰 영향을 준다.

골프장의 페어웨이가 주는 심미적 아름다움은 고급 리조트와도 잘 어울린다. 과거에는 회원제 골프장과 리조트 분양을 중심으로 고급 리조트 시장을 선도해 왔다. 그러나, 회원제 골프장에 대한 사회적 인식, 법제도적 제약 등으로 현재는 골프장은 대중제(public)이나 리조트 숙박시설은 분양하는 형태로 많이 진행되고 있다.[13]

미국 플로리다 올랜도, Rosen Shingle Creek 골프 리조트

---

[13] 분양 상품 판매 시에 공식적으로는 퍼블릭 골프장이지만 우선 예약의 편의를 제공한다거나, 연간 기프트를 제공하여 할인 우대를 적용받게 해준다든지 하는 간접적인 혜택을 주기도 했다. 그러나 대중제 골프장이 실제로 회원과 일반 이용자 간에 차별을 두지 않아야 한다는 행정청의 규제가 강화되면서 리조트 분양에 골프장 이용편의를 주기 힘든 상황으로 전개되고 있다.

4) 차별적 시설 구성

① 인피니티 풀Infinity Pool

만약 젊은 고객들(young adults)을 리조트의 숙박 타깃으로 하고 있다면 대형 객실 내, Roof top 혹은 공용시설에 차별화된 수영장을 조성하는 것을 고려해야 한다.

인피니티는 무한하다는 의미로 시각적으로 막힘이 없이 같은 푸르름을 담고 있는 물과 하늘이 맞닿아 있다는 뜻을 내포하고 있다. 구조적으로 하늘과 맞닿은 부분은 물이 오버플로우(overflow)되는 곳으로 조성된다. 수처리 등 운영비와 초기 조성 공사비에 부담이 크지만 고급 리조트라면 숙박객들이 기대하고 있는 시설이기도 하다.

한때 젊은 층에서 SNS를 타고 유행처럼 고급 여행지의 과시 요소로 인기몰이했으며, 현재도 여전히 인기가 있는 시설이다. 심지어 서울 강남지역의 재건축 아파트에서도 차별화된 입주민 공용시설로 등장하는 아이템이기도 하다.

인피니티 풀: 제주도 히든 클리프 호텔 & 네이처

② 온천욕 SPA

리조트나 호텔 등 많은 시설에서 스파는 보편적인 구성요소가
되었다. 그러므로 스파를 특별하게 만들어 타 경쟁시설과 차별화하
고 집객을 위한 효자시설로 만들기 위한 노력을 더욱 기울여야 할
것이다.

스파 온천 시설 역시 어떤 고객을 대상으로 할 것인가에 따라 크
게 3가지로 분류될 수 있다. 1) 먼저 가족 중심으로 스파와 아쿠아 레
크레이션(워터파크 등 물놀이 시설) 활동을 접목하는 경우, 2) 다음으로
젊은층을 타깃으로 하여 스파 시설에 전망, 프라이빗한 공간을 기반
으로 한 감성적 분위기를 극대화하는 경우, 3) 마지막으로는 여성, 중
년층과 시니어를 대상으로 스파와 치료 및 미용과 관련한 테라피를
목적으로 하는 경우이다.

가족 위락   감성 충족   테라피

좋은 스파 시설을 위한 주요 고려 사항들은 다음과 같다.

특별한 테마와 경험 제공

스파에 특별한 테마와 경험을 제공하여 고객에게 추억에 남도록 해야 한다. 오리엔탈(동양풍) 테마, 히말라야 솔트 사우나 룸, 또는 숲 속 휴식과 같은 특별한 테마를 고려할 수 있다.

남아프리카 공화국, ANEW Resort Ingeli Forest의 야외 스파

히말라야 암염 사우나와 마사지

자연 요소의 적극적 활용

스파 내부로 자연적 요소를 연출하여 자연이 주는 평온함과 안 정감을 제공하는 것도 좋을 것이다. 예로써, 바위 벽면, 울창한 식물, 물 폭포, 혹은 야외 테라스에서의 목욕 등을 들 수 있다.

충북 제천 리솜 포레스트, Have9 힐링 스파

현지 문화 및 전통적인 요소 반영

스파가 위치한 지역의 문화와 전통을 반영하여 색다른 경험을 제공할 수 있을 것이다. 현지 전통 치료법, 특별한 마사지 기술, 혹은 건강에 좋은 허브·입욕제와 같은 지역 특산물 활용 등을 접목할 수 있다. 지역 상생 방안의 일환으로도 좋은 명분이 될 것이다.

차별화된 트리트먼트와 서비스

다양한 트리트먼트와 서비스를 준비하여 이를 이용하는 고객들에게 폭넓은 경험을 하게 할 수 있을 것이다. 또한, 특별한 고객의 요구와 필요에 맞춘 개별 맞춤형 트리트먼트 서비스를 제공히는 것도 검토할 필요가 있다.

실제로 국내의 많은 리조트와 호텔에서 명품, 프리미엄을 지향하고 있으나 수익이 잘 나지 않는다거나 인력 교육과 확보가 어렵다는 이유로 이러한 스페셜 프로그램을 운영하지 못하고 있는 것이 현실이다.

쾌적하고 안락한 시설과 환경

고객들이 편안하고 쾌적한 환경에서 휴식을 취할 수 있도록 스파 시설과 환경을 꾸미는 것이 중요하다. 오감이 느끼는 부분을 고객 관점에서 바라보아야 하며 편안한 안락의자, 조용한 공간, 음악과 조명, 향기로운 아로마 등을 포함한다.

휴식 공간의 다양성

다양한 휴식 공간을 마련하여 고객들이 여유롭게 휴식을 취할 수 있도록 공간을 구성한다. 실내·옥외의 안락한 휴식 공간, 힐링 룸, 카우치·쿠션 등을 마련하여 다양한 휴식을 취할 수 있도록 한다. 이러한 요소들을 조합하여 독특하고 매력적인 스파를 만들도록 한다. 중요한 점은 방문 고객들의 요구와 기대를 충족시키는 것이며, 스파에서 기대하는 최상의 기대가치인 편안함과 휴식을 제공하는 것이 핵심이다.

온천수의 확보

화산지대에서는 다양한 미네랄 성분이 함유된 온천수를 용출수로 확보할 수 있으므로 온천장 사업이 활발하게 이루어지고 있다. 그러나, 대부분의 리조트 사업에서는 화산지대와 같은 온천수를 쉽게 구할 수는 없다. 대안으로 할 수 있는 방법은 ① 상수도 관로를 통해 받은 물을 데우고 온천수에 가까운 성분을 섞어 대용하는 것과 ② 인근에서 이미 개발된 지하수를 비용을 지불하고 인입하여 쓰거나 ③ 부지 내에서 지하수를 직접 개발하여 활용하는 것이 있다.

전자의 상수를 활용하는 방법은 온수 난방에 드는 에너지 비용과 온천수를 만들기 위한 재료비가 상당하므로 어쩔 수 없는 경우에 선택하는 방법이 되겠다.

후자의 지하수를 활용하는 방법에서 인근 기 개발된 지하수를 받아서 쓰는 경우는, 주변 잉여 지하수 취수원에서 사업장까지의 관로 인입에 따른 매설 비용과 톤당 사용료가 합리적 수준인지에 따라 결정하면 될 것이다. 제주도에서는 추가적인 지하수 개발에 제약이 많아 이러한 경우가 종종 있었다.

중점적으로 이하에서 다루고자 하는 것은 직접 지하수 개발을 하는 방식이다.

지하수 개발을 위한 절차상, 사업계획에 지하수 개발이 필요하다는 내용으로 인허가 관청과 협의를 마친 후, 정식 지하수 개발 허가를 받기 전 '시험공'을 하게 된다. 이를 통해 지하수 부존 여부와 용량, 주요 성분 등에 관한 정보를 얻을 수 있다. 정식 지하수 개발 허가 전까지는 폐공하여 사용하지 못하며 추후에 다시 쓰고자 하면 살려서 쓰면 될 것이다. 향후의 비용 절감을 위해서 사업계획상의 토지 사용계획을 감안하여 여러 지하수 개발 후보지 중에서 하나를 시험공으로 선정하면 좋다.

어디에 굴착을 할 것인지는 지형과 지질 전문가들이 현장 조사를 통해 결정하며, 얼마의 심도(깊이)로 할 것인지는 지하수의 용도에 따라 달라진다. 상수, 중수, 관개용수로 쓸 것이면 얕게 굴착하므로 비용이 상대적으로 저렴하며 스파 등 온천수로 사용할 것이면 깊게 굴착하므로 비용이 상승한다.

얕게와 깊게의 정도는 인근 혹은 유사 지하수 개발 사례를 참조한다. 지표 온도(상수, 常數)와 참고 사례의 굴착 깊이(변수, 變數)에 따른 온도 상승분(계수, 係數)을 곱한 값을 더하면 목표로 하는 시추공 최하부의 심층 지하수 온도값이 추정될 수 있다.

$$T(\text{심층 지하수온}) = \text{유사사례 계수}[14] \times D(\text{깊이}) + \text{지표수 온도}$$

예를 들면, 온천수로 쓸 목적으로 관로 이동에 따른 열손실을 감안하여 45℃ 수온의 지하수를 확보하고자 하며,[15] 지역 사례의 100m 깊이당 3℃의 계수를 가지고 있고 지표수 온도는 15℃라고 하자. 이럴 경우 굴착해야 할 깊이는 1km라고 할 수 있다.

굴착하여 취수한 지하수는 시료를 분석하여 어떤 성분이 함량되어 있는지[16]에 따라 온천수, 광천수, 일반 지하수로 분류되며 지하수 용량은 시추공에 넣은 조사장비를 통해 산정된다. 만약 사업계획상 필요로 하는 지하수 용량이 일 500톤이고 1개 굴착공에서 100톤의 용수량이 나온다면 다섯 군데를 굴착 시공해야 할 것이다.

땅 밑의 상황은 정밀 장비로 사전 측정을 하더라도 완벽한 예측이 어려우므로 굴착했다고 해서 지하수가 발견되지 않을 수도 있으며 예상보다 많은 지하수 용량을 발견할 가능성도 얼마든지 있다. 그래서 지하수 시추공사의 계약 방식은 1공당 얼마로 할 수도 있고, 목표 취수량을 기준으로 할 수도 있다.

지하수량이 풍부한 지역으로 판단되면 1공당 단가로 하는 것이 비용 측면에서 유리할 것이고, 그렇지 않다면 업체 입장에서는 성공불 개념이면서 발주처인 사업자 입장에서는 약간의 높은 비용으로 리스크를 헷지하는 방법이 유리할 것이다.

---

14) 이를 전문용어로는 지온경사라고 하며, 100미터 깊이당 2~3℃ 상승하는 것이 일반적이다.

15) 이는 지하수 시추공에서 리조트 시설로 배급되는 물(용출수)의 온도가 아니다. 왜냐하면 시추 관로상 상단과 하단의 모든 물이 섞여 중간 온도의 수온(15~45℃의 중간값)으로 용출수가 배출되기 때문이다. 따라서 이 경우 상수만큼은 아니지만 스파 온천수의 38~41℃가 되려면 추가적으로 온수난방을 해주어야 한다.

16) 지하수에 함량된 성분도 사용에 따라 성분이 변한다.

마지막으로 짚고 싶은 내용은 온천수가 확보되었다고 해서 반드시 온천장 사업 허가를 받아야 한다는 것은 아니라는 점이다. 온천장 사업은 별도의 법규로 관리되고 인허가를 거쳐야 하는 사안이다. 만약 온천수를 리조트 운영에 있어 내부시설인 스파로 사용할 목적이라면 복잡한 온천장 인허가 절차를 거칠 필요가 없다는 점이다.

③ Digital Experiences: 하이엔드 테크놀러지와 시스템[17]

4차 산업의 혁명과 기술 발전은 우리 사회 전반에 여러 모양으로 영향을 주고 변화를 주도하고 있다. IoT, 센서, 구매정보 등 생성

---

17) 하이엔드 주거 테크놀로지는 주로 고급주택이나 고급 리조트와 같은 고급 주거 시설에서 사용되는 혁신적인 기술들을 의미한다. 이러한 기술들은 주로 편의성, 안전성, 쾌적성 등 다양한 측면을 고려한다. 센서를 통한 감지 장치와 IoT(사물인터넷) 그리고 인공지능 시스템을 통하여 이러한 것을 가능하게 한다.
　스마트 홈 시스템: 하이엔드 주거에는 스마트 홈 시스템이 흔히 언급된다. 이 시스템에는 보안 시스템, 조명 제어, 온도 제어, 공기질(공조, 환기 등) 제어, 가전 제어 및 엔터테인먼트 제어 등이 전부 혹은 선택적으로 포함된다.
　홈 네트워크 시스템: 고급주택은 대개 강력한 홈 네트워크 시스템을 갖추고 있다. 이것은 대량의 데이터를 다루고 여러 장치들을 연결하는 것에 필요하다. 시간이 지나고 빅데이터가 쌓이면, 인공지능에 의해 시스템을 최적화하는 것은 물론이고 이용자의 요구사항에 맞춤형으로 제어할 수 있도록 설계될 것이다.
　스마트 조명: 조명 제어 시스템은 조명을 모니터링하고 제어하는 것을 가능하게 한다. 이것은 광원의 조명 강도를 조정할 수 있고, 시간에 따라 조명의 컬러나 밝기를 변경할 수 있다.
　온도 및 난방 제어: 온도 및 난방 제어 시스템은 주거 공간의 온도를 모니터링하고 조정할 수 있다. 이것은 에너지 사용을 최적화하고 편안함을 유지하는 데 도움이 된다.
　스마트 미러: 스마트 미러는 사용자의 얼굴이나 체형을 스캔하여 분석하고, 화장법, 헤어스타일, 의상 코디 등을 추천하는 기능을 제공한다. 또한, 날씨, 뉴스 및 캘린더와 같은 정보를 표시할 수 있다.
　전자 장치의 연동: 하이엔드 주거 시설에서는 다양한 전자 장치들이 연동되어 사용된다. 이것은 TV, 오디오, 비디오, 보안 카메라 등을 제어하고 모니터링하는 것을 의미한다.
　인공지능 로봇: 인공지능 로봇은 주거 시설에서 청소, 간단한 요리와 서빙, 적절한 정보의 제공과 대화, 보안 등의 기능을 담당한다.
　바이오 정보 적용: 바이오 정보는 거주자의 생체 정보를 정기적으로 수집하고 자체 혹은 외부에서 분석하여 스마트 홈 내부를 최적 조건으로 세팅하거나, 건강의 이상 감지, 위험 상황 조치, 분석 정보의 알림 등과 관련된다.

데이터를 기반으로 머신 러닝(machine learning)이나 딥 러닝(deep learning)을 거쳐 AI(인공지능)을 통한 스마트 팩토리, 스마트 팜, 스마트 홈, 스마트 빌딩, 스마트 로봇, 자율주행 모빌리티(mobility), 스마트 밀리터리(military), 초연결을 실현하기 위한 스마트 시티 등 다양한 부문에서 우리 사회의 지도를 바꾸려 하고 있다.

이러한 움직임 속에 시장을 앞서 가는 곳에서는 DX(digital experience) 관점에서 일부라도 적극적으로 새로운 변화를 수용하고 적용하려는 노력을 하고 있다. 서울과 부산 등 최근의 초고가 주거에는 스마트 홈 시스템과 네트워크를 도입하여 기존 시장과 분리하고 차별화하는 하이엔드 시장을 열어 가고 있다. 그렇다면 리조트나 호텔 등 관광 레저의 숙박시설에는 어떻게 적용될 수 있을까?

청정한 공기와 수려한 자연환경 속에 위치한 리조트의 경우는 현재 개발되고 있는 조명, 공기질, 냉난방 등 기술의 일부 정도만 적용하는 것으로도 충분할 것이다. 나머지 하에엔드 스마트 홈 기술들은 실거주자에 맞춤형으로 제공되는 것들에 해당한다. 사업계획 단계에서는 에너지 절감 방안으로 심의에 유리한 내용으로 쓰일 수 있다.

나의 일상을 떠나 비일상적 경험을 위해 리조트나 관광지를 방문한 여행객 입장에서 이러한 최첨단 기술의 향연을 경험하는 것은 원래 의도한 바가 아닐 것이다. 또한 리조트 사업자도 막대한 도입비 부담을 떠나서 방문 이용객에게 이러한 경험에 집중하게 하는 것은 적절하지 않을 것이다. 편안한 수면과 객실 이용에 도움이 되는 수준에서 기술을 적용하는 것으로 충분하지 않을까 생각해 본다.

하이엔드 기술은 이용할 대상 고객에 따라서 선별적으로 적용하면 차별화 수단으로 유용할 것이다. 예를 들면, 리조트 고급빌라를 분양하고 그 대상이 VIP 실버 세대라면 바이오 기술을 적용한 스마트 홈 시스템은 매력적인 요소가 될 것이다. 특히 리조트의 경우 스파 시설을 이용할 때 사전에 리조트 관리자나 숙박객이 스마트 폰이나 원격으로 온수의 온도를 설정하고 미리 물을 받게 하여 객실에 와서 기다림 없이 이용하게 하는 데 유용할 것이다.

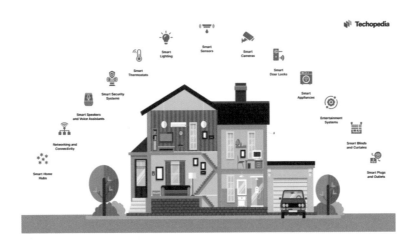

아직은 주거에 적용되는 스마트 기술들이 통신 프로토콜이 표준화되지 않은 부분과 폐쇄형 플랫폼의 한계, 홈 가전 제조사 위주의 기술 개발과 주도 등 개선되어야 할 과제들이 많다. 그리고 여전히 상용화까지 도입 비용의 문제와 기술 안정성 그리고 AS 측면에서 고려되어야 할 것이 많은 상황이다. 그러나 계속된 투자, 기술 발전과 더불어 언젠가는 고객들에게 당연 품질로 인지되고 리조트나 호텔에도 적용이 확대되어 갈 것으로 예상된다.

④ Fine Dining

Fine dining은 레스토랑에서의 고급 음식, 환대 서비스, 화려한 분위기 등을 포함하는 수준 높은 식사 경험을 지칭한다. Fine dining은 전통적으로 엄선된 고급 식재료로 만들어진 식사가 제공되며, 식

몰디브 Lily Beach 리조트 앤 스파, Fine Dining 레스토랑

사의 모든 과정이 서빙된다.

Fine dining 레스토랑은 고급스러운 장식과 인테리어, 정교하고 세련된 서비스, 사전에 준비된 음식 준비 과정, 그리고 탁월한 와인 리스트를 제공한다. 음식의 완성도와 품질은 매우 중요하며, 종종 식사에는 여러 개의 코스 요리와 와인이 포함된다.

고객들은 fine dining 레스토랑을 정기적인 기념일, 비즈니스 모임, 혹은 특별한 이벤트를 즐기기 위해 이용한다.

어떤 Fine dining을 리조트에 도입할 것인지 사업계획 단계부터 검토하여 반영하는 것이 좋다. 분위기 있는 장소를 선정해야 하며, 홀·주방 등 주요 기능들의 배치를 사전에 반영해야 하기 때문이다.

리조트와 호텔 경영자들도 다이닝 등 F&B가 사업장 방문고객들의 이용경험에 매우 중요함을 잘 알고 있으며 서비스 질을 높이기 위해서 많은 고심을 하고 있다. 하지만 그간 리조트나 호텔 내에서 제공되는 식사는 비싸다는 인식과 함께 맛과 메뉴 구성에 만족도가 높지 않은 편이며 향후 많은 개선이 필요한 영역이기도 하다. 통상 한

두 끼 정도만 숙박시설에서 해결하고 나머지 끼니는 외부 유명 맛집을 찾아다니는 것이 보편적인 이용 패턴이다. 만약 리조트 주변에 식사할 곳이 마땅치 않으면 재방문 의향을 떨어뜨리고 장기적으로 경영 악화의 원인이 될 수 있다.

백인백색의 취향을 가진 고객을 상대해야 하는 리조트와 호텔 F&B 파트의 고충은 십분 이해된다. 다양한 메뉴 개발이 어려워 대표 메뉴를 중심으로 레시피를 표준화하여 평균 정도의 맛을 내는 것으로 타협하기도 한다. 게다가 높은 인건비까지 감안하면 가격 또한 비쌀 수밖에 없다. 고객 이용만족도에서 중요한 비중을 차지하지만 결코 쉽지 않은 Fine dining은 모든 리조트 사업장의 숙명적 과제라 할 것이다. 이하에서는 정답을 제시할 수는 없지만 정답을 찾아가는 식음 기획 프로세스를 소개하고 업무에 도움이 되었으면 하는 바람이다.

Fine Dining을 위한 식음 기획 프로세스

① 타사례 조사 및 전문가 인터뷰

- 골프&리조트 / 호텔&리조트 best practices 식음 사례 조사
- 주요 메뉴, 단가 : 시즌별
- 식음 기획·운영 전문가 인터뷰
- 직영, 아웃소싱 등 매장 운영방식 / 수익성 / success points

▶ 식음 사례조사 보고

▶ 전문가 인터뷰 내용 보고

② 전문가 혹은 컨설팅 자문용역

– 내부 관리자 / 담당자 업무 참여

– Owner's Requirement

- 식음 기획 : 타깃, 메뉴, 서비스 방식, 가격, 매장 시간, 인력 구성
- 시설·설계 반영 인프라 가이드라인
- 주문, 생산, 서빙, turnover 설계 기준의 검토
- 주방 레이아웃, 홀 인테리어 컨셉, 가구·집기, 조직 구성안
- 키오스크, 무인화 서빙, 태블릿 등 IT 서비스 도입 검토
- 영업 및 마케팅 전략 수립
- 유니폼, 위생 기준
- 예상 비용/매출 분석

▶ 컨설팅 결과 보고서

③ F&B 시설 조성 및 감리

- 상세도면 최종 검토 및 확정 : 키친, 홀, 포스, 식자재 창고
- 주방 도구, 설비, 가구, 집기 발주 및 입고 관리
- 시공 감리 및 관리

▶ 식음시설 최종 설계도면, 현장 감리

④ 전문 인력 채용 및 운영 준비

- 인력 채용, 조직 구성 및 사전 교육/훈련 : 쉐프, 조리사, 스탭 등
- 서비스 S&OP, 운영 매뉴얼, 표준 레시피 작성
- 고객 평가, CRM 관리 계획 및 KPI
- 식자재 공급처 확보 및 관리 방안
- 메뉴 시음회
- 현장 펀치리스트 작성 및 최종 반영

▶ 운영 계획안

4 타깃 시장의 설정

어떤 리조트를 만들 것인지를 기획하는 단계에서 가장 중요시 여겨야 할 것은 타깃 시장을 명확히 하는 것이다. 이로부터 개발 방향성이 구체화되어 어느 수준의 품질과 서비스를 제공할지 결정해 갈 수 있게 된다. 잘 설정된 포지셔닝은 투자자들에게 사업에 대한 신뢰감과 확신을 주는 데 큰 기여를 하며, 수분양자 혹은 시설이용자를 대상으로 하는 영업마케팅에도 시행착오를 줄이는 가이드라인 역할을 한다.

리조트 시장 내 포지셔닝을 검토할 때, 시설 및 환경 품질과 타기팅은 유사한 등급으로 서로 묶인다고 할 수 있다. 3가지로 나눌 수 있는데 Mass와 Normal, Masstige와 Medium, 그리고 Prestige와 Luxury이다.

비일상적경험수준		Mass / Normal	Masstige / Medium	Prestige / Luxury
	기대 이상 경험		C	소수 초고가 회원제 매우 높은 숙박이용자 + 기대 이상의 경험
	만족 수준 경험	A	회원제 + 대중제 중가 숙박료 + 적정한 차등적 경험	중·고가 회원제 높은 숙박료 이용자 + 기대 수준의 경험
	기본적 수준 경험	저가 대중제 다수 회원제 + 기본적인 경험	B	D
타기팅		Mass	Masstige	Prestige
시설, 환경		Normal	Medium	Luxury

시장 포지셔닝(환경·시설 및 타깃 정책)

높은 사업비로 조성된 '럭셔리' 리조트는 그 수익성을 확보하기 위해서 시설 및 서비스 이용료를 높게 받을 수밖에 없다. 또한 럭셔리를 표방하고 있으므로 타기팅도 소수를 대상으로 하는 Prestige 정책을 근간으로 한다. 대규모 객실과 방문객은 럭셔리 분위기의 리조트와 어울리지 않는다.

유념해야 할 것은 이 세 가지 시장 포지셔닝에 따라 방문객들의 경험 기대수준에도 차등이 있다는 점이다. 이른바 Value for money 즉, 지불한 비용에 상응하는 서비스와 경험가치가 있어야 한다.

시설과 환경의 비일상성과 몰입감이 마치 천국에 와 있는 것처럼 황홀하고, 이에 걸맞게 평생 추억으로 간직할만한 다양한 프로그램과 콘텐츠를 체험하며 가슴 따뜻한 리조트 운영자들의 환대와 서비스를 경험했다면 그 리조트는 가히 명품 리조트라 불러도 손색이 없을 것이다.

물리적인 환경과 건축물의 시설은 이익잉여금 등으로 유지보수를 실행하고 정기적인 리뉴얼 재투자를 통해 그 품질을 유지하여야 한다. 하지만 반드시 돈을 투자하지 않더라도 각 포지셔닝 내에서 어떻게 고객의 경험가치를 제공할 수 있느냐에 따라 고객들로부터 사랑받는 리조트가 될 수도 있고 잊혀져 가는 리조트가 될 수도 있다는 점은 시사하는 바가 크다.

먼저, A의 경우 포지셔닝은 Mass＋Normal이지만, 고객 경험가치를 기본적 수준에서 기대했는데 만족할 만한 수준으로 제공받는 경우로, 다른 경쟁 사업장보다 우월한 영업실적을 낼 수 있을 것이다.

B의 경우 돈의 가치만큼 기대한 경험가치가 따르지 못하는 좋지 않은 상황을 의미한다. 이러한 고객평가가 지속된다면 점차 고객을

잃게 되는 경영 악화일로를 걷게 될 것이다.

반대로 C의 경우, 기대했던 수준 이상의 무언가를 경험하게 되는 경우로 회원뿐만 아니라 일반 고객들에게도 좋은 평가를 받아 객실 가동률의 증가와 객단가 상승도 기대할 수 있는 아주 좋은 상황에 해당한다.

마지막으로 D의 경우 시설적 측면에서는 최고급을 지향하나 고객경험 가치는 기대 이하인 경우로 고객들에게는 부정적 이미지가 고착되는 가장 우려되는 상황을 의미한다.

이처럼 같은 포지셔닝 내에서도 성공하는 사업장과 경영난에 허덕이는 사업장으로 운명을 달리할 수 있다는 점을 인식하고, 타깃 고객들의 경험가치를 제고하기 위해 만전을 다하기를 바란다.

1) 새로운 타기팅 시장: B2B

이상으로 리조트의 집객 규모와 시설품질 그리고 서비스 수준에 따른 포지셔닝을 고객의 경험가치와 연계하여 살펴보았다. 이하에서는 리조트의 객구성의 차이에 따른 차별적인 타기팅 요소들을 이어서 논의해 보고자 한다.

일반적으로 리조트 대상 고객은 B2C에 기반하고 있으나, B2B를 대상으로 할 때는 다음과 같은 점들을 고려해야 한다.

① **파트너십 관계 구축**: 다른 비즈니스와의 협력을 통해 리조트 사업은 더 큰 시장에 접근할 수 있다. 여행 에이전시, 항공사, 기업 단체 등과의 파트너십을 구축하여 영업력과 마케팅을 강화할 수 있다.

② 단체 예약 및 이벤트: 기업 단체나 단체 여행사와의 계약을 통해 단체 예약 및 이벤트를 유치할 수 있다. 회의, 컨퍼런스, 워크샵, 세미나 등을 주최하는 기업들에게 특별한 할인이나 패키지를 제공하여 영업을 활성화할 수 있다.

③ 회의 및 이벤트 시설: B2B 시장을 고려할 때는 리조트 내 회의 및 이벤트를 위한 시설이 필요하다. 고급 회의실, 전시장, 그리고 팀 빌딩 활동을 위한 공간 등을 마련하여 비즈니스 고객들의 요구를 충족할 수 있도록 준비되어 있어야 한다.

④ 비즈니스 특화 패키지: B2B 시장을 고려한 비즈니스 특화 패키지를 갖추어야 한다. 패키지에는 무료 와이파이, 비즈니스 센터, 조식 등 비즈니스 여행객을 위한 특별한 혜택이나 서비스가 포함될 수 있다.

⑤ 장기 이용 및 계약: 기업 고객들과의 장기적인 계약을 통해 안정적인 수익을 확보할 수 있다. 일부 기업은 사내복지, 포상, 창의적 활동 지원 등 여러 가지 이유로 리조트와 장기적인 계약을 맺고자 하는 수요가 있다.

최근 우리나라의 리조트 개발 사업에서 B2B를 틈새 혹은 추가 분양시장으로 인식하기 시작했다는 점이 두드러진다. 이하에서는 리조트 사업에서 B2B 시장의 확대 배경과 향후 전망을 중점적으로 다뤄보고자 한다.

2) B2B 시장의 확장: 워케이션workation

서구 유럽과 미국 등 일부 기업에서는 인터넷 등 IT의 급속한 발전과 더불어 정해진 오피스에 매여 일하던 방식에서 자유롭게 근무지를 선택해서 일하는 원격근무제도를 수십 년 전부터 운용하고 있었다. 이는 전 세계에 새로운 팬데믹의 공포를 가져왔던 COVID-19의 확산을 계기로 하나의 근무제도로 확실히 뿌리내리게 되었다.

이후 팬데믹 상황은 엔데믹으로 바뀌어 다시 오피스 중심의 근무체제로 돌아서긴 했지만, 다양한 근무지에서 원격으로 서로 협업하고 업무를 보는 것은 이미 익숙한 하나의 근무방식으로 자리 잡았다.

이에 더하여 MZ 세대와 기업의 기존 조직문화간 부적응도 큰 사회적 이슈로 다루어지면서, 한곳에 모여 수직적 서열로 움직이던 기업의 조직체계에 새로운 형태의 근무방식을 접목하려는 움직임도 생겨났다.

일부 기업들은 재택근무와 워케이션 제도와 같은 유연한 복지성 근무제도를 통해 소속 임직원들과 외부 노동시장에 기업의 브랜드 이미지를 제고하는 데 적극 활용하고 있다. 특히, 몇몇 IT기업들을 중심으로 회사의 미래를 이어갈 유능한 젊은 직원들을 유치하는 데 우위를 점하고 영입한 직원들을 지속적으로 Retention하기 위한 방편으로 운영되고 있다.

이러한 사회적 변화상을 받아들인 일부 리조트들은 기존 시설을 리뉴얼하여 기업 수요를 반영하거나, 신규 개발 사업에서부터 아예 기업 법인을 주 대상고객으로 하여 객실의 평면계획과 부대시설의 구성을 맞춤형으로 진행하기도 한다.

이하에서는 짧게나마 B2B를 대상으로 한 객실의 평면계획을 살펴보고자 한다. 앞서 보았던 B2C에 기반한 리조트 객실 평면도와 비교하면서 다른 점들을 식별할 수 있는 안목을 길러보기를 바란다.

1층 평면도

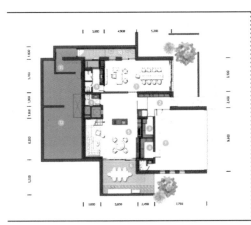

주차장, 건물진출입로
내외부 창고

라운지
비비큐 가든

비즈니스 라운지
화장실

보일러실, PIT

2층 평면도

공용 키친, 다이닝, 거실

침실, 파우더룸, 욕조&사우나,
화장실

대형 베란다(테라스)

관리인 침실 및 화장실

3층 평면도

공용 거실

마스터 침실, 드레스룸, 욕실&
화장실

침실, 화장실

침실, 욕실&화장실

발코니

용평리조트의 최고급 빌라, 루송채(A타입, 분양면적 기준 약 248평)

총 3개층으로 경사지에 조성되어 1층의 전면 조망부는 진입동선이며 후면은 반지하 형태로 건축물이 옹벽의 역할을 하고 있다. 2층은 1층의 일부 지붕 슬라브를 베란다로 넓게 쓰고 메인 공용시설이 집중되어 있으며, 3층은 침실 중심의 숙박 기능이 배치되어 1~2층으로부터 독립된 공간으로 쓸 수 있게 하였다.

주목할 만한 점은 B2B를 타깃으로 1층 전체 공간이 회의, 다이닝 중심의 비즈니스 전용공간으로 계획되어 있다는 점이다.

리조트 개발 사업은 꽤나 긴 호흡이 필요한 사업이다. 초기에 개발방향을 잘 설정하지 않으면, 중간에 주변 시장상황의 변화에 혼란을 겪을 수 있고 이는 확신의 부재와 더불어 사업 지연의 결과를 초래한다.

초기에 개발방향을 잘 설정한다는 것은 시장 수요에 대한 트렌드를 분석하고 장기 추세를 전망하며 어떠한 고객을 받을 것인지와 관련한 대상의 선정, 이에 걸맞은 리조트 시설의 테마와 내용을 정립하는 것을 의미한다.

앞서 기업들의 복지·포상·워케이션 등을 위한 리조트 수요가 있을 것이 판단된다면 B2B를 개발 방향으로 하고 이에 손색이 없는 테마, 컨셉, 매력시설의 구성, 프로그램의 기획과 준비가 수반되어야 한다. 이러한 수요를 가진 기업들에 대한 가용한 Long List와 Short List를 확인하고 개발 기획을 본격화하기 전에 해당 기업의 인사, 총무 등 담당자들에게 요구조건(requirements)들을 경청하고 수렴한다면 더 나은 사업을 기획할 수 있을 것이다.

아마도 워케이션 관련하여 기업 등 법인 타깃을 하게 되면 개별 스파를 선호하게 될 것이고, 같이 모여서 회의하거나 협업할 워크 스테이션이 객실의 메인 뷰를 조망하는 곳에 배치되어야 할 것이다. 그리고 같이 흥겨운 파티나 다이닝을 할 수 있는 테라스, 옥상 등이 매력적인 곳으로 힘주어 조성되어야 할 것이다. 초고속 통신망을 인프라로 한 대형 멀티미디어 기기도 기본적으로 구비되어야 할 것이다. 특정 시간에 집중해서 일하고 나머지 시간에는 리조트에서 제공하는 체험 프로그램을 자유롭게 즐길 수 있도록 해야 한다.

기존의 개인 대상 영업과 달리, 법인 영업은 수요자나 공급자 상호간 단점보다 장점이 크다. 기업 법인 입장에서는 복지 차원에서 리조트를 분양 받거나 회원권을 구매하면서도 세금 감면 혜택도 덤으로 누를 수 있다. 게다가 지방 소멸 시대에 직원들을 지방에서 근무하게 함으로써 기업의 사회적 소임을 다하고 있다는 ESG 전략 측면에서도 좋다.

공급자인 리조트 운영사 입장에서는 수없이 쪼개진 개인 구좌를 팔기 위해 분양대행사와 조직을 운영해야 하는데 법인 영업은 적은 구좌수로 상대적으로 부담이 적다. 개인 구좌 하나를 팔더라도 영업과 마케팅, 그리고 계약서 작성 및 사후관리에 드는 공임은 법인 구좌와 동일하다. 그리고 개인 고객 대비 법인의 경우 객단가 및 객실 가동률이 양호하고 성수기와 비성수기 편차가 크지 않아 운영상 유리한 점도 있다.

3) 워케이션Workation: 일과 휴식의 밸런스

"워케이션 등 다양한 인센티브 프로그램을 운용하는 기업의 전략은 재무 컨설턴트가 100만원이 넘는 몽블랑 만년필을 쓰는 그것과 같다"

우리에게 이미 친숙한 워케이션의 개념과 정의에 대하여 여기서는 언급하지 않으려 한다. 대신 리조트 산업에 있어 워케이션이라는 하나의 트렌드가 가지는 새로운 시장으로서의 가능성과 향후 전망 그리고 실제 국내외 적용 사례를 중심으로 살펴보고자 한다.

3년간의 코로나 19 팬데믹을 경험한 후 디지털 노마드(Digital Nomad, 디지털 유목민)로 불리는 원격근무자들은 팬데믹 전후에 약 3배로 증가하여 2022년 기준으로 약 3천 5백만 명으로 추산되고 있다. 주목할 것은 많은 연구 기관에서 포스트 코로나에도 불구하고 이 추세가 점차 증가할 것으로 전망하고 있다는 점이다. 2035년 즈음에 10~30억명이 될 것이라는 발표도 있다.[18]

서유럽과 북미에서 시작된 디지털 노마드의 모습은 언론이나 SNS에 비춰지는 피상적인 모습과는 괴리감이 있을 것이다.[19] 디지털

---

18) 미국 경제기관지 포브스(Forbes)의 전망치는 10억 명이다.
19) 유랑하는 삶은 고되다. 의미상 정주하는 공간을 떠나 원하는 곳으로 마음껏 다

노마드들이 경험하고 있는 불편함을 경감시키기 위한 다양한 거시 제도적 준비와 차별적 서비스를 마련하는 것이 워케이션 사업의 성공 요소임을 인지해야 한다. 그냥 오세요~ 한다고 해서 쉽게 움직일 수 있는 노마드가 아닌 것이다.

워케이션 산업의 성장은 우리나라가 직면한 지방의 인구소멸과 지역경제의 장기침체와 곧 경험하게 될 지역 붕괴의 대안으로 조명받고 있는 기회요인이지만 이 기회를 활용하기 위해 면밀하고 종합적인 준비를 하고 있는지 자문해 볼 필요가 있다. 향후 수억명으로 증가할 것이라고 전망되고 연간 소득의 35%를 원격근무지에서 소비하는 디지털 노마드를 그 일부라도 유치할 수만 있다면 분명 지역을 되살리는 동력이 될 수 있을 것이다.

우리나라는 심한 오지(奧地)만 아니라면 전세계에서도 부러워할 초고속 통신망이 잘 구축되어 있는 국가이다. 다른 국가에서 디지털 노마드를 유치하기 위해 가장 큰 걸림돌이 되는 통신망 인프라의 부족이라는 장애 요소가 없다. 그런데 이 장점을 살리지 못하고 있음은 참으로 안타까운 현실이다.

디지털 노마드를 위한 국가 의료 보험제도,[20] 특별 비자, 전담 통역 가이드 육성 및 국가 자격 제도 운영, 지방자치단체의 지역 문화와 생활을 체험하게 할 다양한 프로그램, 글로벌 및 국내 자녀 등

니는 것을 강조한 것이지 실제로는 준정주형 노마드가 대부분이다. 우리가 그럴 것이라 오해하고 있는 부분 중 하나는 20대의 사회 초년생은 많지 않고 오히려 30대가 거의 절반을 차지하며 40~50대가 25%에 달한다. 근무 환경과 업무 효율도 좋지 않아 오히려 동일한 업무량에 비해 근무시간이 더 길다는 점, 여러 가지 일상을 영위하기 위한 불편함과 가족과 떨어져 지내야 하는 외로움을 감내해야 하는 고단함도 있다는 점도 고려되어야 한다.

20) 국제결혼, 외국인 노동자의 증가 등으로 의료보험 부담이 증가하고 있으나, 디지털 노마드의 국적들은 주로 서구 국가들로 사회보험료가 높은 국가들이다. 일정 부분 보험료 자부담에 대하여 저항감도 적을 것으로 생각된다.

을 위한 수업 인증제,21) 원격근무지 주소 이전제도22) 등 국가 차원에서 준비할 것과 지역 단위에서 준비할 것을 협업하여 잘 마련한다면 리조트 및 호텔 개발 산업도 지방소멸의 위기를 타개하는 수단으로 적극 활용될 수 있을 것이다. 이러한 판을 잘 짜면 하지 말라고 해도 리조트 산업은 알아서 움직인다. 새로운 시장이 열리고 활성화될 가능성이 있다면 기꺼이 동참할 것이다.

그간 리조트, 호텔, 관광단지 사업을 추진하는 과정에서 지역상생방안을 요구하여 사업자에게 부담을 지우는 일이 관행처럼 이루어져 왔다. 공공기여금, 각종 개발행위에 따른 분담금, 마을발전기금, 지역민 고용 의무화, 지역 사업체 공사 참여, 지역내 주소지 이전 근무, 지역특산품 상설 판매장 등 단기적이고 휘발성 성격이 강해 중장기적인 관점에서의 상생방안 마련에는 한계가 있었다. 차라리 전향적으로 시각을 앞으로 다가올 글로벌 디지털 노마드를 위한 준비 프로젝트에 두면 어떨까? 향후 5년 후 약 1억명의 디지털 노마드 중 0.1%, 즉 10만 명을 어느 지역에 유치할 수만 있다면 지역 재생에 큰 전환점이 될 수 있을 것이다.

4) 마데이라 섬(제도) – 유럽 최초 디지털 노마드 빌리지

유럽의 유명 여행지인 포루투갈 마데이라 섬은 팬데믹에 접어들자 1년간 준비하여 원격근무의 명소로 자리 잡았다. 1년 내내 해수

---

21) 글로벌 노마드의 가장 큰 어려움은 자녀 등 가족들과의 동반생활이 여의치 않다는 데 있다. 해당 국가의 교육제도 내에서 정규과정을 이수해야 하는 부담을 줄여주는 교육이수, 학점 인증제도 등이 마련된다면 한층 이동에 자유로움이 있을 것이다.

22) 전입이 확인되는 주소지에 소득세가 부과되는 현 세제에서, 리조트나 워케이션 센터 등 실거주를 증명하는 제도가 새로이 도입되고 선택적으로 주소지를 정하거나 거주기간에 따른 소득세 부과 등 세제가 탄력적으로 운용된다면 지방의 재정적 자립도 개선에 큰 효과가 있을 것이다.

욕을 할 수 있는 곳으로 숙소 40여 채를 월 700유로에 공급하고, 초고속 인터넷 서비스를 완비하였다.

그 결과 130개 국가에서 2021년 한 해 동안 7,500명이 다녀갔으며, 14,400건의 사전 예약이 체결되었다. 다음해인 2022년에는 8,500명이 다녀갔으며, 매월 1천명의 사람들이 머무르고 있다. 지역 경제효과를 집계한 결과 연간 240억 원의 지역내 총생산(GDRP, Gross regional domestic product)의 증가가 있었다.

5) 테네리페의 나인 코리빙 - Co-Working Space

'유럽의 하와이'로 불리는 화산섬이며 스페인 카나리아 제도에 속해 있다. 1년 내내 봄날 같은 온화한 날씨를 보이고, 유럽 내에서 코워킹 스페이스를 갖춘 대표적인 곳이다. 아름다운 고풍의 19세기 건물 숙소, 200MB급[23] 초고속 인터넷 서비스, 스페인식 조식 제공을 하고 있다.

---

23) 우리나라는 일부 낙후된 지역은 500MB, 대부분 1GB급이다. 좋은 IT인프라 보유국의 이점을 적극 활용할 수 있을 것이다.

Historical Building
& Town

200 MB High Speed
Internet

Daily Fresh
Breakfast

Community &
Activities

House dog

6) 탈린 - 발트해 연안, 유럽의 디지털 혁신의 선봉

에스토니아는 우리에게 익숙지 않은 동유럽 국가이며, '발트해의 진주'로 불리는 탈린은 수도이다. 핀란드 수도 헬싱키와 가까운 거리로 동유럽 국가 중에서 가장 북쪽에 위치해 있다.

세계 최초 '인터넷 접속권'을 인권으로 포함하는 상징적인 제도를 도입하였으며, 전국을 무료 와이파이 존으로 서비스하는 파격적인 정책을 채택하였다. 특히 수도 탈린은 전지역에서 무료 와이파이 서비스를 제공하고 있다. 코로나 팬데믹이 시작되었던 2020년에는 '디지털 노마드 비자'를 발급하여 온라인 원격근무자에게 1년간 체류할 수 있게 하였고 취업이 가능한 법적 권한을 부여하였다.

7) 와카야마 시라하마 – 휴양중심 기업 및 지자체 협력형

간사이 지방에서 여름철이면 당일치기로 다녀오던 휴가지였던 시라하마는 리조트 등 기존 관광시설을 활용하여 워케이션 시설을 구축하고, 지자체 및 지역 기관의 적극적 지지와 기업 섭외로 워케이션의 선두 주자로 변모하였다.

빈집 활용 프로젝트: 지자체의 기획과 호텔의 협력을 기반으로 '워케이션 = 와카야마 시라하마'라는 이미지를 형성, COVID – 19 발생 이후 리모트 워크의 성지로 불리며 이곳을 찾는 고객이 증가하게 되었다.

세일즈 포스 닷컴(Sales Force): 클라우드 서비스 업체인 '세일즈 포스 닷컴(Sales Force)'은 와카야마에 위성 오피스를 개설하고, 사무직과 영업직 직원들이 3개월씩 교대로 근무하는 워케이션 프로그램을 추진하여 초기 붐업에 일조하였다.

주 고객은 기업에서 파견한 근로자와 그 가족이며, 가족들과 함께 서핑, 골프 등 레저활동을 즐길 수 있다. 정부 및 지자체의 적극적인 홍보와 보조금 지원으로 워케이션 장소로 인지도를 확보하는 데 성공적이었다. 지역 공항과 JAL 간에 MOU를 체결하여 도쿄 항공편을 증편하였고 일 3회 운항으로 접근성도 상당히 개선되었다.

8) 카미야마 그린 밸리 – 지역성 기반 기업 유치형

자연은 창조적 업무와 워라밸을 위한 최적의 장소임을 꾸준히 홍보하면서 카미야마 그린 밸리가 이에 적합한 곳임을 성공적으로 알렸다.

빈집 활용 프로젝트: 새틀라이트(Satelite 위성) 오피스는 봉제공장이었던 곳을 개조해서 만든 공동 사무실로, 빈집을 활용해 임대료 부담을 줄이고 지역 재생을 도모하였다.

가마야 프로젝트: 카미야마 주민들은 외지에서 온 청년들이 마을의 농업 생산에 참여하도록 도왔다. 수확한 농산물은 식재료로 이용하였으며 이를 통해 자체 소비를 촉진하는 선순환의 프로젝트를 완성하였다. 도시 근로자들이 농업 활동으로부터 얻게 되는 기쁨은 덤이다.

원격근무가 가능한 근로자 및 IT 기업이 주 고객이다. 일본의 다른 도시들보다 훨씬 저렴한 임대료를 제공하고 계곡에서도 터지는 와이파이를 구축하였다. 2010년 sansan기업의 정착을 시작으로 IT 벤처 기업들의 위성 사무소 개소 후 현재 10여 개 회사가 이 지역을 이용하고 있다. 좋은 인적 네트워크를 형성할 수 있도록 프로그램을 운영하고 창조적인 사람들에게 새로운 발상을 일으킬 수 있는 분위기를 만들어준 것이 성공요인이었다.

원격 업무가 가능한 인프라에 더하여, 업무 외의 시간에 경험할 수 있는—지역에 특화된—라이프 스타일 체험요소들을 발굴하여 워케이션 명소로 성공한 사례라 할 것이다.

5 분양 구좌수

앞서 등기제(Ownership)와 회원제(Membership)의 두 가지 분양 방식은 설명을 하였고, 여기서는 수분양자들에게 분양 상품 구매 시 민

구분	Mass	Masstige	Prestige
Full 구좌 (年 365일)		용평리조트 웰리힐리파크리조트 오크밸리리조트	용평 루송채 웰리힐리 히든힐스 알펜시아리조트 더 클리프하우스 해운대비치앤골프 소노펠리체 휘닉스파크 리조트
1/2~1/5 (年 70~180일)		용평리조트 곤지암리조트 웰리힐리파크리조트 오크밸리리조트 휘닉스파크 리조트	알펜시아리조트 더 클리프하우스 해운대비치앤골프 소노펠리체
1/6~1/12 (年 30~60일)	소노호텔앤리조트 한화리조트 롯데리조트 켄싱턴리조트 웰리힐리파크리조트 오크밸리리조트 휘닉스파크 리조트 리솜 리조트	알펜시아리조트 해운대비치앤골프 소노호텔앤리조트 롯데리조트 한화리조트	설해수림 더 클리프하우스 제주 아트빌라스
1/12 이상 (年 30일 이하)	소노호텔앤리조트 한화리조트 켄싱턴리조트 웰리힐리파크리조트 리솜 리조트	소노호텔앤리조트 아난티 리조트	아난티 리조트

감하게 여기는 객실당 분양 구좌수와 관련하여 살펴보고자 한다.

수분양자 입장에서는 이용 예약의 선점 권리를 산다고 생각하고 있기 때문에 적은 매입 비용으로 원하는 날짜에 마음껏 이용할 수 있기를 모두가 바랄 것이다.

표에서 알 수 있듯이 리조트의 등급에 따라 분양 구좌수가 구분되고 있다. Prestige는 적은 구좌 구간에 주로 있는데 연간 객실 가동률을 높이기 위해 다구좌를 택한 리조트들도 일부 예외적으로 있음을 알 수 있다. Masstige의 경우 다양한 구간에 걸쳐 있다. 소구좌의 경우 오래된 회원권 때문에 남아 있을 가능성이 크다. 예전에는 지금의 Masstige 등급이 현재의 Prestige 등급으로 여겨졌고 당시 소수를 위한 소구좌 형태로 회원권 분양을 했을 것이다. 그리고 Mass의 경우 회원권 구입의 부담을 줄이고 많은 객실수의 가동율과 운영성을 높이려는 다구좌제를 택하고 있다.

VIP 개인 고객들은 분양 상품이 마음에 든다면 예약 이용의 용이성 때문에 기꺼이 더 비용을 들여서라도 구좌수가 적은 것을 선호한다. 중저가의 저렴한 회원권 혹은 등기제 분양의 경우 구좌수가 많이 쪼개어져 모두가 이용을 원하는 극성수기와 성수기에는 예약을 보장 받지 못한다.

특히 아난티 리조트의 경우 비교적 높은 분양가에도 많은 구좌수를 판매하고 있다. 국내 고급 리조트 브랜드 인지도를 바탕으로 식음·스파·수영장·부대시설과 같은 제대로 된 리조트 시설을 조성하고 객실 가동률 및 매출을 높이고자 전략적 선택을 했다고 볼 수 있다. 실제 아난티 회원들의 주요 불만은 높은 회원가격과 시설 이용료 보다는 사전 예약 성공률이 매우 낮다는 데 있다.

많은 리조트에서 그동안 운영성을 높이기 위해 다구좌를 선호했고 여전히 대세이다. 최근에 프리미엄 시장을 타깃으로 한 분양상품을 선보이면서 풀구좌 및 소수좌가 점차 확산되는 추세에 있다.

외부적 분양시장 환경의 변화

2024년 초 현재 기준으로 리조트 신규 및 확장 개발 사업은 여러 가지 어려움에 직면해 있다.

금리의 상승 기조가 여전히 코로나 이전에 비해 상당한 부담이 되고 있다. 이에 부동산 개발사업 PF 시장에도 빙하기가 예상보다 꽤 오래 지속되고 있다. 사업자의 신용도에 따라 달라지겠지만 3~4%대였던 이자율이 지금은 기업 신용이 좋아도 6~8% 수준에 달한다. 이에 많은 리조트 개발 프로젝트들이 중지, 지연, 청산의 어려움을 겪고 있다.

이뿐만 아니라 국가 간 전쟁과 코로나를 겪으면서 원자재 공급이 원활하지 않고 물류비와 인건비 또한 상승되어 공사비 원가는 계속 상승하고 있다. 국내 건설업 종사자들 수급도 어려워 해외 노동자들을 쓸 수밖에 없는데 이 또한 공사의 품질 관리에도 장애 요소가 되고 있다. 그러나 이 시기를 잘 극복한다면 가장 어렵다고 할 이때가 오히려 좋은 기회라고 할 것이다. 당분간 신규 리조트의 공급은 적을 것이기 때문이다.

2025년까지 기존 리조트 회원권의 만기에 따른 물량이 대거 쏟아져 나올 것이 예상된다. 이 시점에 더 나은 리조트로의 회원권 갈아타기 수요를 이용할 수 있을 것이다. 특히 고가 분양은 기존 보유 자산에 더하여 추가적인 수분양 사례가 많아 수요가 있고, 법인 영업과 소수 부유층 개인의 경우 네트워킹 및 커뮤니티를 잘 연결해서 공략하도록 한다.

아울러 연간 회원권 거래량이 지속적으로 상승하여 2023년 기준 약 2만 건 정도 거래가 이루어지고 있다는 점은 리조트 시장 진입의 긍정적인 부분이다. 분양을 사업 추진의 전제로 하고 있는 개발사업에서는 이러한 분양 시장의 상황과 추이를 면밀하게 들여다봐야 한다.

공사비 증가분만큼 분양가격도 상승할 수밖에 없지만, 다행스럽게도 아난티 리조트 등 프리미엄 시장에서 수분양자들의 가격 저항감을 많이 줄여 놓은 상황이다. 현재 프리미엄 리조트의 경우 과거 평당 1천만 원 중반 정도에서 이제는 평당 2천만 초에서 후반까지 건축 공사비가 대폭 상승했지만, 분양가 또한 평당 약 3천만 원 수준에서 4천만 원대까지 형성되었다.

현재 신규 리조트 공급은 코로나 이전 착수했던 사업 중심으로 진행되고 있는 상황이다. 앞서 언급한 바와 같이, 리조트 시장은 여전히 기회요인들이 있으며 사업 추진 동력을 잃지 않고 시장 진입이 가능만 하다면 당분간 지속될 공급의 공백에서 보상을 받을 수 있을 것으로 예상된다.

05 리조트 개발과 브랜딩

　브랜드를 만들고 성장시키는 일은 많은 협업을 통한 사전 기획과 전략이 수반되는 일이다. 많은 돈을 들여 브랜드 마케팅을 하더라도 올바른 전략이 없다면 브랜드의 가치는 제대로 성장할 수 없으며 지속해서 수익에 연결되는 가치를 만들어 낼 수가 없다.

흔히 브랜드를 제품에 영혼을 불어넣는 것과 같다고 한다.

1 　자체 리조트 브랜드 개발

　먼저 브랜드를 자체 개발하는 경우에 대하여 설명하고자 한다.

　단일 리조트를 개발 조성할 경우는 브랜딩의 복잡성이 낮을 것이다. 하지만 중장기적으로 여러 리조트를 운영하게 될 경우 리조트 간에 위상(Hierarchy)과 관계를 정립해야 하는데 이를 브랜딩이라 칭

한다. 추구하는 리조트의 컨셉, 목표 가치와 운영철학을 기반으로 스토리텔링을 통해 독자적이고 인지될 수 있는 브랜드를 만들어 가는 과정을 말한다. 이를 위해 내부 전문가를 둘 수 있겠지만 대부분 외부 브랜드 컨설팅을 통해 진행하고 있다.

1) 브랜드 컨설팅과 업무 범위

브랜드 컨설팅Brand consulting이란

1) 고객들의 마음속에 오래 지속되며 살아 움직이는 생명력을 부여하기 위해 보유하고 있는 상품과 서비스(여기서는 리조트일 것이다)의 고유한 아이덴터티를 집약하여 담아내고, 2) 동종업계의 기존 상품을 검토하여 경쟁시장을 분석하고, 3) 상품의 전달 메시지, 차별화, 고객과의 커뮤니케이션(communication) 및 프로모션 전략 등을 개발하며, 4) 효과적인 마케팅을 시행할 수 있도록 지원하는 일련의 브랜드 개발 및 육성 과정으로 자사가 보유한 기존 상품 및 신상품의 마케팅 전략 개발을 포함하는 컨설팅 과정을 의미한다.

브랜드 작업의 영역은 다음과 같다.

구분		주요 내용
Brand Concepting 브랜드 컨셉	Brand Strategy 브랜드 전략 수립	- 환경 분석: 트렌드, 사례 조사, 대상 사업 - 타깃 고객/고객 커뮤니케이션 Key Message - 브랜드 아키텍쳐(구조) - 브랜드 네이밍(Naming)
	Customer Experience	- 고객 경험 여정 Journey Map
	Brand Verbal & Visual Identity 언어/시각적 아이덴터티	- 브랜드 언어, 문구, 글자체, Color Scheme - BI & CI Logo

구분		주요 내용
	Space Concept 공간 컨셉	- 인테리어, 외관 등 구현 이미지와 방향성 - Signage, Infographic 표준과 예시
Brand Experience Design 경험 설계	Brand Experience Design 브랜드 경험 설계	- 고객, 기업, 사회와 해당 브랜드의 인식, 경험, 소통 관련 종합적인 내용과 방법 제시
	Space Design & Experience 공간 및 경험 설계	- 브랜드 적용 스페이스 컨셉에 대한 상세설계 - 내외부 공간 브랜드 적용 - 어메너티, 상품, 기념품 등 응용
Creative & Activation 브랜드 활용	Brand Communication 커뮤니케이션 전략	- 브랜드 인지도 확대를 위한 마케팅 전략 수립 - 해당 브랜드에 적합한 수단, 비용, 일정, 목표
	Branded Contents	- 브랜드 홍보 광고 콘텐츠 기획, 제작
	Digital Marketing	- SNS, 포털 사이트 등
	Advertising	- 방송채널, 멀티미디어, 버스/지하철, 신문 등

2) 브랜드 체계Hierarchical Architecture

브랜딩 전략 수립에는 상기 표와 같이 매우 광범위한 내용을 다루고 있으나, 이 중에서 개발기획가의 입장에서 알아두면 유익할 브랜드 정립 "체계"에 대하여만 다루고자 한다.

브랜드 체계(Brand Architecture)는 브랜드, 제품, 서비스들 간의 성격과 관계를 정립한 일종의 지도이자 관계도를 의미한다. 수많은 브랜드 체계가 있지만 그 체계를 정리해보면 5가지로 대별할 수 있다.

① Branded House   ② Sub-brands   ③ Endorsed Brands

④ House of Brands ⑤ Hybrid

마스터(마더) 브랜드의 영향력과 연계성을 고려해서 초기에 아키텍처(구조)를 잘 선정해야 한다. 그렇지 못할 경우 추후에 브랜드 구조 자체를 변경해야 하는 불가피한 과정을 겪게 되면, 브랜드에 대한 고객의 인지 강화에 악영향을 끼칠 수 있다.

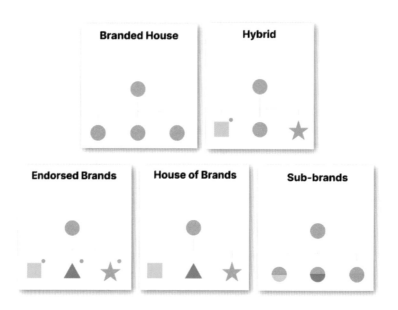

Type 1: Branded House

강력한 마스터(마더) 브랜드의 힘에 의존하는 구조로, 마스터 브랜드 혹은 마더 브랜드는 브랜드 네이밍에서 접두사처럼 사용하는 형태이다.

1) 고객의 혼란을 최소화 하고 일관된 브랜드 경험을 제공하고자 하는 것이 주요 목적이다.
2) 브랜드 간 상호 시너지 효과가 있으며, 브랜드 홍보 효과 및 관리가 용이한 장점이 있다.
3) 그러나, 부정적 사건 발생 시 전체에 미치는 파급효과의 위험이 있다.

4) 미래의 변화를 전체에 반영하는 데 다소 무거운 과정을 거쳐야 한다.

5) 시장에서 지리적, 언어적 장벽을 초월한 단단한 하나의 브랜드로 승부 가능하다고 할 때 적합한 브랜드 구조라고 할 수 있다.

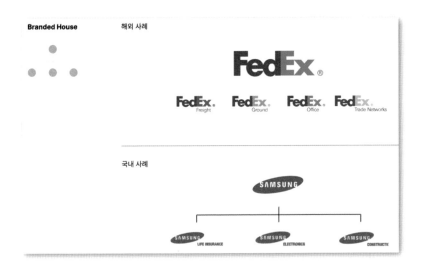

Type 2: Sub-Brands

마스터(마더) 브랜드를 기본으로 하되, 개별 정체성을 가지고 있는 하위 브랜드의 속성을 계속 가져가고자 하는 형태이다.

1) 단단한 마더 브랜드의 이미지를 안고 있으며, 신규 하위 브랜드에 대하여 별도의 브랜드 이미지를 확장하는 데 자유롭다.

2) Branded House에 비해 새로운 영역을 테스트할 수 있는 장점을 가진다.

3) 그러나, 자칫 브랜드의 확장 과정에서 마더 브랜드와의 연관성이 낮아 부자연스럽게 전개되는 경우에는 Endorsed Brands가 적합하다.

예) '니베아'에서 면도기 사업을 할 경우 확장 및 미용 제품이라
는 연결성은 있으나 브랜드 이미지에 담긴 대조적인 차이는
극복해야 한다(soft vs. sharp).

Type 3: Endorsed Brands

개별 브랜드의 품질 보증을 위해, 마스터 브랜드가 덧붙여져 있
는 형태이다.

1) 마더 브랜드와 하위 카테고리 간 영향을 덜 받고 유연한 전개가 가능하다.

2) 그러나, 브랜드 간 시너지 효과는 더 제한되므로 카테고리 및 특성을 잘 따져 선택 여부를 판단해야 한다.

3) 카테고리가 상위 항목에서 더 멀어질수록 이 브랜드 구조가 적합하다고 할 수 있다.

Type 4: House of Brands

모든 제품 및 서비스가 독립적인 특성을 가질 경우 상호 다른 형태의 브랜드를 구축하는데 적합한 체계이다.

1) 모든 브랜드가 완전히 독립적이다.

2) 브랜드 간 연결성 보다는 브랜드가 속한 시장과 범주에 더 집중해서 연결하고자 하는 데 목적이 있다.

3) 즉, 상위 브랜드로 묶을 필요성 없이 각 브랜드의 명확한 포지셔닝을 원하는 경우 적합한 체계이다.

4) 브랜드 간 시너지 효과는 없으며, 홍보 마케팅도 각기 따로 진행되어야 한다.

Type 5: Hybrid

4가지 형태가 혼재된 가장 흔한 형태의 브랜드 구조이다.

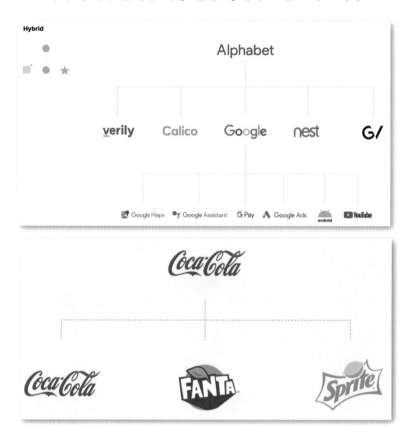

1) 당연하게도 가장 많은 형태의 브랜드 구조이다.
2) 가기 다른 특성의 브랜드를 그대로 가져가면서도 필요에 따라 하위의 세부 브랜드 구조를 생성해 가는 형태이다.
3) 그러나 브랜드 간 혼잡하고 무질서한 상태로 일관된 브랜드 이미지 구축과 브랜드 간 시너지는 매우 낮다.

3) 국내 리조트 브랜딩 사례

국내 브랜드 리조트를 정리한 표는 다음과 같다.

종합 리조트	골프 리조트 (고급화)	골프 리조트 (체인화)	골프 리조트 (대기업 계열)
소노 (구 대명 리조트) 리솜리조트 롯데 리조트 한화 리조트 오크밸리리조트 용평리조트 금호 리조트 알펜시아리조트 하이원리조트 휘닉스파크 웰리힐리파크 아난티	설해원 사우스케이프 오너스클럽	골프존카운티 (18개) 클럽디(4개) 블루원(4개)	(효성)웰링턴CC (CJ)나인브릿지(제주, 해슬리) (신세계)트리니티 (미래애셋)세이지우드 (홍천, 여수) (한화)제이드팰리스 (코오롱)라비에벨 (태광)휘슬링락 (SK)핀크스 (삼보개발)베어크리크 (춘천, 포천) (LG)곤지암 (삼성)베네스트(6곳) (동부)레인보우힐스

이 중에서 대명 소노호텔앤리조트, 리솜리조트 그리고 아난티 리조트 3개 브랜딩 사례를 이하에서 살펴보고자 한다.

소노[1]호텔&리조트(구, 대명 호텔&리조트)

수년 전 브랜드 체계를 전면 개편하여 Sub-Brands로 정리되었다.

전국 17개 사업장 간 브랜드 체계를 정립할 필요에서 대대적인 브랜드 변경을 하였다. Sono하에서 정리하되, 산토리니 이미지가 강한 Sol Beach 3개소는 별도로 네이밍한 것이 특징이다.

Sono에 덧붙여 추가 네이밍하였으나 분류 기준에 대하여는 불명확한 점이 많다. 예를 들면 제주도 내 함덕과 표선 샤인빌은 각기 다른 서브 네이밍을 하고 있고, '거제도'는 산토리니 컨셉이나 쏠비치 체계로 포함되지 않았다. Calm은 당초 고양/여수 MVL(엠블) 호텔을 대체하는 것으로 보았으나 델피노, 거제, 제주(표선)에도 적용하였다.

이러한 네이밍 체계 변경의 사유에 대하여 여러 이야기가 있으나, 글로벌 리조트로 도약하기 위한 브랜드 이미지 구축이라는 것 외에도 실제적으로는 보유한 1만여 개의 객실 간 회원 이용에 상호 마일리지 차감 등을 위한 위계를 수립하기 위한 것으로 추정된다.

소노펠리체(Sono Felice)	+비발디파크, 빌리지 비발디파크, 델피노, 빌리지 델피노
쏠 비치(Sol Beach)	+양양, 삼척, 진도 　 * Sol : 태양(스페인어)
소노캄(Sono Calm)	+ 델피노, 고양, 여수, 거제, 제주
소노벨(Sono Belle)	+ 비발디 파크, 천안, 청송, 경주, 변산, 제주, 하이퐁
소노문(Sono Moon)	+ 비발디 파크, 델피노, 단양
소노휴(Sono Hue)	+ 양평

---

1) Sono는 이탈리아어로 이상향이라는 의미를 가지고 있다.

2018년도에 호반건설에서 인수하면서 2019년 브랜드를 재정립하였다. 브랜드 체계의 형태는 Endorsed Brands이다.

각 지역의 특성을 Forest(숲), Island(섬), Pacific(바다)로 구분하되 색채 계획(Color Scheme)도 이에 맞게 정리하였다.

ANANTI

최근 들어 프리미엄 리조트로 급성장하고 인지도를 넓힌 브랜드 리조트이다. 브랜드 형태는 Sub-Brands를 띠고 있다. 브랜드 로고의 기본형과 폰트를 정하고 개별 시설별로 조금씩 변형하고 있는 것이 눈에 띈다.

아울러 각 시설에 피칭 포인트(pitching point)를 덧붙인 것이 특이하다. 예를 들면, 아난티 앳 강남의 경우 프라이빗한 공간에 잘 차려 입은 듯 리조트를 즐긴다는 의미로 'Dress in Private'의 시설임을 강조하고 있다.

ANANTI CHORD   Another world unfolding in a forest

ANANTI COVE   A new travel destination

ANANTI NAMHAE   A wonderful experience of enjoying the beautiful Namhae

ananti AT GANGNAM   Dress in private

ANANTI CLUB JEJU   The dense and vast forests of Jeju

ANANTI HILTON BUSAN   Where the city leads you the perfect resting area

Village de ANANTI   The dawn of a new civilization

ananti AT BUSAN   A sailboat on the sea embracing a thousand winds

2 외부 리조트 브랜드의 도입과 사용

다음으로, 외부 브랜드를 도입하여 덧입히는 브랜드 아웃소싱에 관하여 설명하고자 한다.

우리나라의 리조트 개발 특수성과 이용자들의 수요 때문에 외부 브랜드 사용은 실제로 많은 리조트 개발 과정에서 검토되고 있다. 외부 유명 리조트 브랜드를 도입하여 초기 분양 성공 가능성을 높일 수 있고 우수한 운영 노하우를 접목할 수 있을 것이라는 기대감도 있으며, 수분양 대상 고객들에게 분양 상품에 대한 가치를 높일 수 있다는 것이 그 이유이다. 하지만, 실제 성사되지 못하는 경우가 다반사인데 왜 그런지 생각해 볼 필요가 있다.

리조트 및 호텔 브랜드 활용 사례

구분		해외브랜드		국내 브랜드		
		부산 반얀트리	속초 카시아	강릉 신라 모노그램	인스케이프 양양 파르나스	양양 조선
용도		콘도미니엄	생활형숙박	생활형숙박	생활형숙박	–
개발규모 (연면적)		2.9만 평	3.6만 평	4.4만 평	1.7만 평	
객실규모		195실	717실	783실	393실	800실
오픈일정		'24. 11	'24. 상반기	'25. 06	'26. 11	'27(검토중)
시행자		루펜티스	마스턴자산운용	이스턴투자개발	피데스개발	타워플래닝
위탁운영		반얀트리	카시아 (반얀트리)	호텔신라 (삼성)	파르나스(GS)	조선호텔 (신세계)
운영기간 (의무+옵션)		20년 + 10년	15년 + 10년	20년 + 5년	5년 + 5년	5년 + 5년
브랜드 사용료	1회	00억 (3년 분납)	00억 (3년내 분납)	00억	00억	00억
	매년		X	X	객실매출의 ?%	정액

구분	해외브랜드		국내 브랜드		
	부산 반얀트리	속초 카시아	강릉 신라 모노그램	인스케이프 양양 파르나스	양양 조선
연간 위탁운영 수수료 (매출기준)	1년차 ?% 2~3년차 ?% 4년차 이후 ?%	1~6년차 ?% 7년차 이후 ?%	?%	?%	?%
예약수수료	객실매출의 ?% + 반얀트리 예약망 건당 이용료		건당	-	-
인센티브 (EBITDA 기준)	?~??% (GOP기준)2)	?~?% (GOP기준)	?~?%	?~?%	?~?%
1회성 기술지원	출장비 지급	?억/년 + 실비	?억	?억	??억
기타	• 집기비품적립금 • 브랜드계약 중도해지 위약금 • 개장준비지원금	• 집기비품적립금 • 마케팅 수수료 • LEED, BREEAM 인증 • 디자인 서비스			

외부 브랜드를 도입한 국내 사례를 조사한 내용은 위의 표와 같다.3) 브랜드 사용료, 위탁운영시 수수료, 예약 건별 수수료, 이익성과에 따른 인센티브 지급, 초기 기술지원비, 기타 비용 등을 감안하면 매출액에서 평균 10%를 상회하는 브랜드 관련 수수료를 지급해야 하는 부담이 있으며 도입을 검토하는 리조트 시행사는 이를 상회하는 영업이익을 낼 수 있는지 잘 따져 보아야 할 것이다.

---

2) GOP는 Gross Operating Profit의 약자로 총영업이익(호텔 및 리조트 업계에서는 '운영이익'이라고도 한다)을 의미한다.

3) 전체적인 맥락에서 브랜드 아웃소싱의 주요 수수료 항목들을 이해하기 위한 자료로 이해해 주시기 바란다. 숫자들에 대하여 관심이 많겠으나, 영업상 기밀에 해당되어 밝힐 수 없는 점도 독자들께서 이해해 주실 것이라 생각한다.

06 해외 브랜드 리조트 사례

1 호시노 리조트 – 기대하는 경험을 서비스하는 리조트[1]

일본 기반의 고급 리조트로 성공 신화를 쓰고 있는 중이다.

호시노(星野)는 일본의 성씨 중 하나이지만, 자연주의로 '별이 무수한 들판'이라는 컨셉과 잘 맞아 떨어진다. 시설의 피칭(pitching) 언어는 '꿈속을 거니는 듯한 휴식'이다.

호시노리조트, 호시노야 가루이자와

1) https://www.hoshinoresorts.com/ 참조
 호시노리조트 중 각 브랜드를 대표할 만한 호시노야 후지(Hoshinoya Fuji), 카이 포로토(KAI poroto), 리소나레 나수(Risonare Nasu) 3개 시설에 관한 별도의 사례조사는 별첨 부록으로 실어두었으니 참고하기 바란다.

최근에 환경 친화적이고 자연순응적 프로젝트가 한국에 많아지면서, 리조트계에서 새로운 유명 브랜드로 급성장한 호시노 리조트에 대한 관심과 조사가 활발해졌다. Prestige급이지만 숙소는 미니멀리즘(minimalism)을 담고 있고 하루 이용료가 1백만 원을 훌쩍 넘는데도, 연간 예약이 꽉 찰 정도로 인기가 있다는 호시노 리조트는 어떤 곳인지 살펴본다.

1) 주요 연혁과 현황

1904년에 처음 쿠니지 호시노가 창업하여 이후 1914년에 온천 리조트(료칸)로 확장하여 운영하였다. 1991년 증손자인 호시노 요시하루[2]가 사장을 맡게 되었다. 그는 파격적인 경영 아이디어를 도입하려다 실패하고 그해 해임되는 수모를 겪는다. 이후 1995년에 다시 부임하면서 브랜드명을 호시노 리조트로 변경하고 새로운 경영철학을 성공적으로 접목하면서 본격적으로 성장 가도를 걷게 되었다.

① Phase 1: 리조트 운영사로서의 노하우 축적

1914   호시노 온천여관 개업
1991   4대 호시노 요시하루 입사 및 대표 취임
1992   No.1 '리조트 운영회사'를 비전으로 발표
1995   주식회사 호시노리조트로 사명 변경

② Phase 2: 리조트 및 온천장 재생사업, 주요 브랜드 론칭

2001   Risonare 야가타케 운영 개시
2004   Tomamu 리조트 운영 개시

---

2) 그는 일본 게이오대, 코넬대학교 호텔경영학 석사를 취득하였다.

116

2005	골드만삭스 합작사업으로 일본 온천료칸 재생사업 운영 파트너 참여
2010	호시노야 가루이자와 개업

③ Phase 3: 개발·운영 사업모델 구축, 신규 브랜드 론칭

2011	마스터 브랜드 체계 수립
2013	온천 료칸 KAI 브랜드 개시
2015	패밀리 리조트 Risonare 브랜드 개시
2016	호시노리조트 리츠 투자법인 도쿄증권거래소 IPO 상장
2017	일본정책투자은행과 공동운영펀드 조성
2018	호시노야 발리 개업(해외진출)
2019	도시관광호텔 OMO 브랜드 시설 오픈
2021	캐주얼 호텔 BEB 브랜드 시설 오픈

④ Phase 4: 브랜드 글로벌 진출 본격화

2022	53개(해외 4개 포함) 리조트 운영 중

2) 사업 전략

① 호시노 리조트의 미션: "리조트 운영의 달인이 된다"
② 호시노 리조트의 비전과 목표
  • 글로벌 경쟁력을 갖춘 리조트 매니지먼트 기업
  • 회사 이익과 고객 만족의 양립

호시노리조트, KAI 유후인3)

비전과 목표를 구체화하는 주요 전략들을 도식화해 보았다.

호시노리조트의 주요 전략

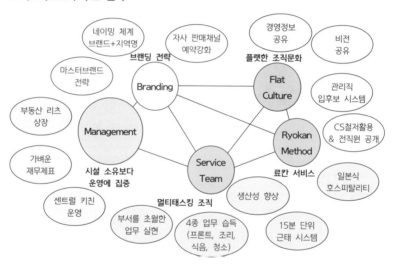

먼저, **브랜딩 전략**으로는 마스터 브랜드를 중심으로 각 리조트의 특징과 타깃에 맞게 독립적인 브랜드를 만들고 서브 타이틀로 지역명

---

3) 건축물이 화려하지 않지만 천수답의 기하학적 조형미를 살려 리조트 이용객들에게 잊지 못할 풍광을 표현했다. 우리나라였다면 부지가 아까워서 저 공간에 숙박시설 하나라도 더 넣어 분양하고자 하지 않았을까?

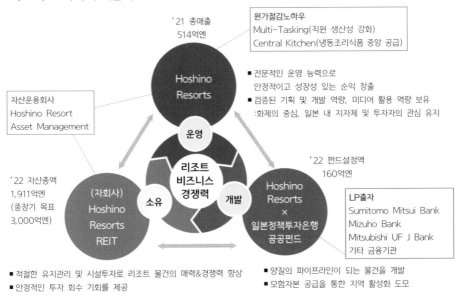

호시노 리조트의 투자 사업 구조

'21 총매출
514억엔

Hoshino Resorts

원가절감노하우
Multi-Tasking(직원 생산성 강화)
Central Kitchen(냉동조리식품 중앙 공급)

■ 전문적인 운영 능력으로
  안정적이고 성장성 있는 순익 창출
■ 검증된 기획 및 개발 역량, 미디어 활용 역량 보유
  :화제의 중심, 일본 내 지자체 및 투자자의 관심 유지

자산운용회사
Hoshino Resort
Asset Management

운영

리조트
비즈니스
경쟁력

'22 자산총액
1,911억엔
(중장기 목표
3,000억엔)

(자회사)
Hoshino
Resorts
REIT

소유

개발

Hoshino
Resorts
×
일본정책투자은행
공공펀드

'22 펀드설정액
160억엔

LP출자
Sumitomo Mitsui Bank
Mizuho Bank
Mitsubishi UF J Bank
기타 금융기관

■ 적절한 유지관리 및 시설투자로 리조트 물건의 매력&경쟁력 향상
■ 안정적인 투자 회수 기회를 제공

■ 양질의 파이프라인이 되는 물건을 개발
■ 모험자본 공급을 통한 지역 활성화 도모

을 넣어 보완하는 방식을 따르고 있다. 예를 들면, 호시노야 리조트가 도쿄에 위치하면 "호시노야 도쿄"로 시설 네이밍을 정한다. 그리고 외부 플랫폼과 채널 의존성을 줄이고 리조트 체인화를 거치면서 자사 판매 채널을 구축하고 예약 비중을 높이고 있다.[4]

서비스 방식은 100년 넘게 호시노 온천장을 운영해왔던 경험을 이으면서 일본 특유의 서비스 정신을 살린 료칸 서비스의 기조와 일본식 호스피텔리티(hospitality)를 근간으로 하고 있다. 특이한 점은 사업장의 추구하는 가치에 따라 근무하는 임직원들의 전공이 다양하다는 점이다. 예를 들면, 자연 경험과 체험을 제공하기 위한 호시노야 리조트와 리조나레 리조트의 경우 생태학 전공 출신들을 우대하고 업계 최고의 대우를 하고 있다. 이는 기본적 서비스에 더하여 한층 높은 감동 서비스를 제공하기 위한 인사 채용의 한 단면이라고 할 것이다.

---

4) 호시노리조트 사이트를 통한 직접 예약률은 약 70%에 달한다.

조직 문화는 리조트 사업에 맞게 수평적 조직문화를 기반으로 하고 있다. 비전을 지속적으로 공유하고, 회사 상황을 늘 인지할 수 있도록 경영정보를 공유하며, CS(Customer Service) 관련 일어난 내용들을 정기적으로 나눈다. 리조트의 지역적 상황이 다르므로 콘텐츠를 기획하고 서비스 프로그램을 론칭하는 일에 있어 각 사업장에 상당한 자율성을 부여하고 있다. 특히 관리자 직책은 연차나 승진이 아닌 주기적인 직원들의 선거와 투표로 정하도록 하여, 회사를 향한 책임과 의무를 전직원이 체득하고 리더십을 갖도록 하고 있는 점이 매우 독특하다.

서비스 팀 제도를 운영하고 있는 것 또한 주목할 만하다. 테마파크 운영사인 디즈니도 팀 단위의 권한·책임·의무·보상을 추구하고 있는데 호시노 리조트는 한걸음 더 나아가서 직무 자체도 상호 보완이 가능하도록 프런트 업무, 조리, 식음, 청소 등을 다 맡을 수 있도록 multi-tasking을 장려하고 있다. 전반적인 생산성 향상과 탄력적인 운영으로 고객이 언제든지 서비스 받을 수 있도록 운영하겠다는 취지로 이해된다.

마지막으로, **회사 경영 방침**과 관련하여서는 센트럴 키친을 운영하여 규모의 경제효과와 품질의 표준화를 추구하고 가벼운 재무제표를 추구하는 것 외에 특히 주목할 점은 시설을 소유하는 것보다 운영에 집중하는 것을 중시 여기고 있다는 점이다. 앞서 소개된 호시노 리조트의 사업 구조 도식도를 눈여겨 살펴보기 바란다.

이미 차별화되고 시장에서 인정받은 시설 컨셉과 개발 및 운영 노하우를 보유하고 있는 상황에서, 토지 매입부터 모든 사업비를 자기 자본으로 충당하는 무거운 소유와 지배권 확보보다는 투자하고 싶은 외부 부동산 리츠(Reits)나 펀드(Fund) 등을 적극 받아들이고 활용한다. 소유는 타인 자본이 하되 개발 및 운영 사업 권리는 호시노리

호시노야 오키나와 사업구조 진행 사례[5]

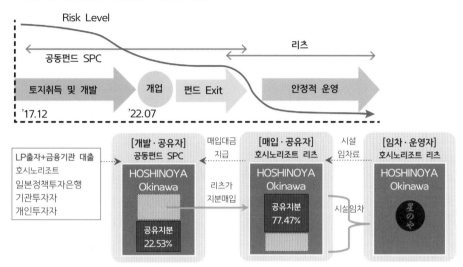

조트가 맡는다.

이사회를 구성하는 펀드나 리츠의 대주주들도 특수한 리조트 사업에 대하여 호시노 리조트의 개발 및 운영 전문성에 대하여 존중하고 각자의 역할 분담이 명확한 사업 구조를 다년간 형성해왔다.

이 사업 구조에 따라 실행되었던 개별 사례 중 하나인 호시노야 오키나와 리조트의 개발 과정을 살펴보고자 한다.

2017년 말부터 시작된 프로젝트로 공동 펀딩에 의해 자금 조달이 된 후 토지취득과 리조트 개발에 4년 반의 사업기간이 소요되었다. 개장 초기 일정 기간 동안 운영 및 수익 안정화를 거쳐 기존 펀드의 지분을 리츠로 갈아타는 절차를 단계적으로 진행 중에 있다.

호시노리조트에서는 운영을 통해 이익을 실현하고 리츠에는 계약된 시설임차료를 납부하며 소유하지는 않는다.

---

5) https://www.hoshinoresorts‒reit.com/(호시노 리조트 리츠 공식 사이트)

3) 사업 포트폴리오 및 브랜드 전략

현재 Prestige에서 Mass까지 공식적으로는 5개 브랜드, 신규로는 1개 브랜드를 보유하고 있으며 House of Brands 체계[6]를 유지하고 있다. 사업장은 리조트 53개, 카페 및 스키장 등 지역 시설 16개를 운영하고 있다.

마스터 브랜드	星野リゾート Hoshino Resorts					
브랜드 등급	Prestige Nature				Mass Urban	
브랜드 + 지역명	Hoshinoya	KAI	Risonare	OMO	BEB	개별 브랜드
시설특징	고급리조트	온천 료칸	가족리조트	도시관광호텔	캐주얼호텔	지역특화
컨셉	독창적 주제 압도적인 비일상 제공	지역의 매력을 담은 고품격 온천	세련되고 풍성한 액티비티	숙박 이상의 도시관광	모두가 편하게 머무는 곳	지역의 개성을 담은 관광시설
객실규모	25~80	30~40	40~170	100~400	75~105	
ADR(엔)	75,000	37,000	43,000	11,000	15,000	
미래방향	플래그쉽 해외 진출	일본 전역 확산 계획	패밀리 호텔 리조트 No.1	기존호텔과 차별화	MZ세대 이용접근성	
개소	후지 포함 8개	포로토 포함 22개	나수 포함 7개	오사카 포함 13개	3개	카페, 스키장 호텔 등 16개
해외	발리, 대만 구꽌		괌			와이키키

* ADR(Averate Daily Rate, 일평균 판매 객실요금)은 2019년 기준임.
전체적으로 코로나 시기에 호황을 누리면서 객실요금은 20~30% 상승됨.
** 객실의 크기는 50~80㎡(약 15~26평)으로 소형 평형대로 구성되어 있음.

---

6) 각 독립 브랜드 내에서는 마스터(마더) 브랜드＋지역명을 통한 sub−brands 체계를 가지므로 전체적인 관점에서는 Hybrid 브랜드라고 할 것이다.

특히, 호텔 브랜드 OMO의 경우 다양한 고객들의 니즈에 맞춰 1,3,5,7 및 공항으로 세그먼트를 나누어 시장에서 포지셔닝 하고 있다. 객실 면적과 서비스의 내용을 차별화하여 다양한 가격대로 이용할 수 있게 등급화 하였다.

호시노리조트의 OMO 브랜드 세그먼트 도식도

2 반얀트리 리조트 - 트렌드의 행보에 부지런한 리조트

초기에는 Hybrid 형태의 브랜드 체계였으나, 점차 시설 그레이드를 달리하면서 하위 브랜드가 만들어지는 과정에서 현재는 House of Brands로 정리되었다.

반얀트리 리조트의 경우, 해외 리조트 브랜드 중에서 가장 국내 진출이 활발하다. 반얀트리 브랜드는 부산 기장군에, 하위 브랜드인

카시아는 강원도 속초에 도입되었고 제주도 서귀포시에는 도입 검토 중에 있다.[7]

반얀트리 리조트의 최초 브랜드는 점차 하위 브랜드로 확장 중이다. 좋은 입지에 지역적 특성을 잘 담아내려는 Angsana와 Garrya, 고급 스위트 호텔에 반얀트리 브랜드를 확장한 Dhawa와 약간은 대중적인 호텔 Cassia, 컴팩트 비즈니스 호텔 Folio, 루프탑의 인피니티 풀로 스카이 라인을 연결하는 리소트 SkyPark, 골프장과 풀 등 활동적인 액티비티를 지향하는 Laguna 브랜드가 하위 브랜드로 있다.

---

7) 국내에도 점차 해외 리조트 브랜드 도입이 활발해질 것으로 예상된다. 국내 사업시행자들의 무분별한 브랜드 도입에 대하여는 우려스럽다. 해외 브랜드가 잘 안착되려면 중장기적으로 국내 수분양자들의 높은 기대 수준에 걸맞은 품격 높은 운영 서비스도 뒷받침되어야 한다.

반얀트리 Lang Co, 베트남   Garrya 후조우 Lucun, 중국

이외에도 요가, 테라피, 스파, 마사지, 건강식 등 웰빙 프로그램으로 새로운 시도를 하고 있는 Veya, 내 집 같은 편안함을 주는 컨셉을 표방하나 정확히 알 수 없는 또 다른 호텔 브랜드 Homm, 일상을 벗어나 완전한 자연과 지역문화, 회복과 웰빙 속으로 떠나는 것을 목표로 한다는 Buahan 브랜드도 있다.

3. 아만 리조트 – 지역의 미학을 살린 고급 리조트

고급 리조트로서의 명성을 더해 가고 있는 아만 리조트의 경우 Branded House의 형태를 띠고 있다. "Aman"이라는 강력한 브랜드를 중심에 두고 각 지역별로 시설 네이밍을 덧붙여 사용한다.

태국, 인도네시아, 필리핀, 인도, 스리랑카, 라오스, 베트남 등 동남아시아 주요 관광지역에서 시작된 고급 리조트의 이미지와 품질을 바탕으로 중국, 일본, 미국, 영국, 프랑스, 그리스, 모로코, 이탈리아, 터키 등 주요 관광국가로 점차 리조트를 확대하여 현재 30여 개가 넘

는 체인을 운영하고 있다. 아만 리조트의 경우 직접 개발 및 운영을 원칙으로 하고 있는 것으로 알려져 있다. 아직 국내에는 진출이 공식화된 바가 없다.

그러나, 아만 리조트가 어떻게 성공적으로 세계 유명 관광지에 그들의 브랜드를 확장하고 아이덴터티를 공고하게 유지해 왔는지 살펴보면서 내가 소속한 리조트는 과연 어떠한지 그리고 미래의 성장할 리조트로서 손색이 없는지 되돌아보는 계기가 되었으면 한다.

아만 리조트의 역사는 1980년대 초로 거슬러 올라간다. 언론인이었던 창업자인 Adrian Zecha의 레저관광에 대한 안목과 참여한 건축, 조경 등 미학자들로 구성된 팀이 새로운 엘리트 클럽을 시작할 때만 해도 그들의 성공에 대하여 미처 예상하지 못했을 것이다.

약 4백만 달러의 예산으로, Ed Tuttle이 디자인한 아만푸리는 태국의 푸켓 섬에 1988년에 처음 문을 열었다. 브랜드 설립자 Adrian Zecha(아드리안 제카, 당시 55세)의 개발은 획기적인 것이었다. Aman의 의미는 산스크리트어로 "평화"이며, 베트남에서 몬테네그로, 인도네시아, 투르크 & 카이코스에 이르기까지 각각의 후속으로 선보일 리조트의 컨셉 기준이 되었다.

Aman의 당초 의도는 결코 호스피탤러티 산업을 바꾸거나 최대 또는 최고가 되는 것이 아니었다. COO Roland Fasel의 말에 따르면 '고객들이 자신이 속한 일상 환경을 벗어나 진정으로 회복하고 우수한 경관을 배경으로 한 목적지에서 놀라운 경험을 하게 한다'는 확고한 아이디어를 꾸준히 실현한 것이 오늘날의 아만을 있게 한 기반이 되었다고 한다.

아만의 미학적으로 우수한 건축물들은 아만의 디자인 정신과 자연에 대한 존중의 결과라고 할 수 있다. 유쾌하고 미니멀리즘적인 실

태국 푸껫 섬의 아만푸리. 사진: John W. McDermott(아만 제공)

루엣과 아름다운 풍경화의 유산과 함께, 이 브랜드는 디자인의 디테일에 엄격한 주의를 기울이는 것으로 알려져 있다.

　2023년 기준 35번째 생일을 맞이한, 아만은 34개의 리조트 자산으로 구성되어 있다. 그중 8개는 Denniston의 Jean-Michel Gathy가 설계에 참여하였다. 아만은 핵심 건축가였던 Ed Tuttle과 고인이 된 Kerry Hill의 철학과 정신을 훼손하지 않고 잘 이었다는 평가를 받고 있다.

　Gathy는 몰디브에서 그가 디자인한 프로젝트를 통해 Zecha를 처음 만났다. 당시 소유주였던 Adrian Zecha가 그의 균형 잡힌 기하학적 패턴을 가진 건축 디자인을 마음에 들어 했고 같이 일하게 되었다. 말레이시아에 기반을 둔 이 건축가는 아만 부동산에서 특정 DNA를 인식하면서도 그것이 단일 브랜드 시그니처가 아니라 유사한 골격 내에서 운영되는 다양한 디자인 개성을 나타내는 자신, Kerry Hill 및 Ed Tuttle의 합작품이라는 점을 빠르게 수용하여 아만의 건축디자인을 확립했다. "일관성이 브랜드의 가치를 만듭니다."

아만킬라 인 발리(아만 제공)

그는 절제된 표현에도 불구하고 아만의 모습이 균형 잡히고, 미적으로 평화롭고, 유쾌하고, 극적이라는 점을 받아들이면서 자신의 건축적 주요 특징인 대칭의 개념은 인지과학에서 인간의 뇌가 선호하는 것으로 입증되었음을 강조하고 있다. Gathy는 Aman이 미학과 라이프 스타일을 결합한 리조트 시장을 만드는 데 가장 영향력이 컸던 인물이다.

KAA Design Group의 West Coast 건축가 Grant Kirkpatrick도 아만 프로젝트를 참여하면서 Gathy와 유사한 건축디자인의 행보를 보였다. 그는 캘리포니아 맨하탄 비치의 스트랜드에 있는 "아만하탄" 프로젝트에 참여하였다. 그는 깊은 인상을 받았던 유타주의 "아만기리" 리모델링 프로젝트에서 받은 영감으로 이 프로젝트를 마칠 수 있었다고 한다.

록키 산맥 동측에 위치한 유타의 조용함과 자연적 아름다움, 기존 지형에 순응한 건축, 미니멀리즘이지만 부족하지 않으며 현대적이

128

아만사라 인 시엠 립, 캄보디아: 사진 John McDermott(아만 제공)

미국 유타 주, 아만기리(Amangiri) 리조트

지만 차갑지 않은 매력을 가지고 있다. 주변 환경과 건축을 연결짓는 것이 주안점이었다고 커크패트릭은 회고한다. 이 부부 건축가는 주변 환경에 녹아드는 건축을 위해 바닥, 벽체, 기중, 보, 천장 등에는 주변 사암 기질의 질감을 살린 콘크리트로 주마감을 하였다. 한편 자연 건축재료인 나무소재를 문, 창호 등에 쓰되, 밋밋한 건축디자인이 되지

아만양윤, 상하이 시내: Sui Sicong(아만 제공)

않도록 붉은색 계열을 사용하여 포인트를 주었다.

아만 리조트의 상당 부분이 새롭게 지어졌지만, 몇몇은 매혹적인 역사를 가진 구조물을 자랑한다. 여기에는 캄보디아의 황금기에 지어진 왕실 별장이었던 시엠립의 아만사라, 이탈리아의 16세기 궁전이었던 아만 베니스, 그리고 중국 고대 건축물을 리모델링한 아만양윤이 포함된다. 아만양윤 프로젝트에 Kerry Hill은 400년 이상 된 고대 건물에 현대적인 편안함을 완벽하게 통합했다. 이 건물들은 아직도 화려한 석조 조각과 가족 역사를 묘사하는 비문의 형태로 이전 소유주의 유산을 간직하고 있다.

2014년도에 아만 리조트를 인수한 새로운 CEO Vladislav Doronin은 2016년부터 전 세계 각국의 대규모 토지 매입을 진행하였다. 또한 그동안 한적한 곳에 주로 입지했던 아만 리조트는 도심지 내에도 아만 리조트의 평온함과 고급 서비스를 제공하는 사업을 추진하였다. Doronin은 인수한 아만의 매우 성공적인 리조트 모델을 수평에서 수직으로 적용하기 시작하였다.

Doronin은 아만 리조트의 뿌리가 동양에서 시작되었지만, 앞으로의 확장은 서양지역에 더 무게를 둘 것임을 강조하였고 최근에 실제로 아만 리조트는 그런 행보를 보여주고 있다. 신규 리조트들은 더 접근성이 좋은 곳에 조성하여, 여행객들이 더 쉽게 아만의 배타적인 경험을 할 수 있도록 하겠다는 사업의 새로운 방향을 세우고 진행중에 있다.

아만 도쿄. 사진: Nacasa & Partners Inc.(아만 제공)

아만은 2016년에만 11개의 새로운 호텔과 리조트를 계약했다. COO Fasel에 따르면, 향후 캘리포니아 남쪽 멕시코 지역에 아만바리 (Amanvari, 2025년 오픈 예정)를 포함, 동남아시아, 미국, 유럽, 일본 등의 여러 지역으로 확장한다고 밝혔다.

멕시코의 여행지인 아만바리가 이 미래 계획의 시작점이 될 것이다. LA에 본사를 둔 부동산 회사 Irongate가 이 부동산을 개발하는 일을 담당하고 있으며 건축회사 Heah & Co.(도미니카 공화국의 Amanera도 담당)에게 "초현실적인 풍경을 담을 수 있도록 최우선 목표로 해달라"고 리조트 설계를 의뢰했다고 한다.

건축회사 Heah & Co.에서 컨셉으로 제안한 가는 기둥을 많이 사용한 건축 구조물은 주변 지형과 풍경을 자연스럽게 리조트 내로 흐를 수 있게 해준다는 점을 인정받았다.

근시일에 폭발적으로 확장되고 있는 아만 리조트의 성장 가도는 오랫동안 여러 지역을 크로스오버할 수 있는 내적 준비가 되어 있어 가능했던 일이다.

멕시코 바하 반도의 동쪽 만에 곧 문을 열 아만바리(아만 제공)

아만 리조트는 수십 년간 고유한 디자인 철학과 운영 표준을 탄탄하게 정립해 왔으며 이를 기반으로 세계적으로 명망 있는 훌륭한 건축가들과 성공적으로 협업하여 일관성 있고 매력적인 "Must-See", "Must-Go" 리조트 시리즈를 만들게 되었다.

천혜의 자연이 주는 아름다움을 놀랍도록 담아내는 아만 리조트의 능력은 수많은 리조트 마니아들과 충성 고객들에게 순례 의식을 갖게 했다. 아만 리조트를 거쳐 간 고객들은 멋진 친구의 놀랄 만한 개인 주택에서 손님이 되어 지내고 온 것 같다는 평가를 많이 한다.

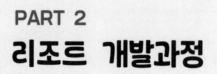

PART 2
리조트 개발과정

사업추진에 있어서 진행되는 일련의 행정업무는 사업의 종류와 성격 그리고 적용하는 개발법령에 따라서 차이가 있지만 기본적으로 진행되어야 하는 큰 맥락을 개괄적으로 정리해 보고자 한다. 토지 확보, 개발법령에 따른 계획 입안, 각종 영향평가와 심의 등에 대해서 다루고자 해도 그 분량이 방대해 질 것이나 본서에서는 기본적인 내용과 과정 중에 느꼈던 부분들을 소개함으로써 개발 실무에 대한 방향성을 잡는 데 도움이 되고자 한다.

업무들은 때로는 진행순서에 선후가 분명한 것도 있지만 대개의 경우에는 사업의 외부적인 상황이나 계획의 변경에 따라서 각각의 절차가 유기적으로 관계하면서 조정되거나 새롭게 다시 진행되어야 하는 경우가 흔히 발생한다.

01 / 사업지 확보

사업의 특성상 부동산이 기반이 되므로 작게는 수천평에서 많게는 수십, 수백만평의 광범위한 구역을 배경으로 하다 보니 토지를 확보하는 과정도 경우에 따라서 복잡한 상황과 과정에 직면한다. 이 과정에서 많은 공력과 시간, 비용을 들이고도 목표한 토지문제를 해결하지 못하여 사업추진이 무산되는 경우가 허다하다.

통상은 사업 구상을 먼저하고 그에 적합한 위치나 입지를 선정하는 것이 바람직하다. 그러나 어떤 경우는 무얼 할지 모르지만 일단 부지(site)부터 사놓았거나 이미 보유하고 있는 부지에 적합한 사업을 구상하게 되는 순서의 뒤바뀜도 있을 것이다. 장소성(placeness)을 고려하여 가능한 여러 테마와 컨셉 중에서 고르는 과정이 필요할 것이다. 주변 환경에 어울리게(harmonious) 할 것인지, 아니면 오히려 이질적 컨셉으로 돋보이게(loud) 할 것인지 의견을 수렴하고 정리하여야 한다. 다양한 분야의 전문가, 컨설턴트 등과 협업하여 관광시장과 주변환경을 고려한 테마와 컨셉을 도출하도록 하여야 한다.

사업부지를 선정하는 데에 먼저 고려해야 할 이슈로는 사업목적에 맞게 쓸 수 있는 소위 깨끗한 부지인지부터 확인하는 일이다. 깨끗한 부지라는 의미는 법적으로 필요한 만큼 확보하는 데 문제가 없는지를 따져 보아야 한다는 것을 말한다. 다음의 내용들을 점검해 보아야 할 것이다.

① 도시계획상 목적에 맞게 쓸 수 있는지와 그렇지 않을 경우 용도변경의 가능성이 있는지?

　　해당 지방자치단체의 시군행정기관은 적극적으로 나서서 도움을 주는 경우에도 상급 자치단체인 도 단위에서는 입장이나 태도가 사뭇 다른 경우가 많다. 권한을 가지고 있는 담당부서에 세심한 확인이 필요하다. 국토계획관리법에 따르면 지역마다 녹지 비율을 일정하게 유지하도록 하고 있다. 대규모 개발사업의 경우 부지의 상당한 면적이 녹지로 할당되어야 하는 경우가 있다.

② 공공기관의 수용 혹은 사용 동의를 구해야 할 국유지, 도유지, 시유지 등을 포함하고 있는지?

　　국공유지는 실시계획승인에 준하는 행정절차를 거친 후에야 관계법령에 근거하여 토지매수권을 청구할 수 있다. 초기 사업기획 단계에서부터 적정한 매수시점을 고려해야 한다. 비록 행정기관에서 지역에 필요한 좋은 투자 사업으로 인정하여 진행하더라도 특혜 시비에서 안전할 수 없다.

　　정당한 이전 혹은 임대 절차를 거치더라도 누군가는 이슈화하고 사업 진행 과정에 생채기를 내는 경우가 허다하다. 지역 언론, 반대 주민, 지역 의원들의 이슈화 대상일 것이다. 따라서 목적사업이 그 해당 지역에 도움이 되는 사업임을 이해시키고 설득할 수 있어야 하며, 사업계획에 지역활성화 방안에 대한 구체적인 실행계획들이 포함되어야 한다.

③ 마을이나 문중 공동 소유지를 포함하고 있는지?

　　공동소유지는 내부의 이해관계가 복잡하게 얽힌 경우가 대부분이므로 토지 매입 혹은 토지사용승낙을 얻기 위한 법적인 정리까지

오랜 시간이 소요될 수 있다. 이 점을 감안하여 매입 혹은 사업계획에서 제척할지 명확히 방향을 정해야 한다. 특히, 문중소유의 토지인 경우에는 문중의 내부의사결정에 많은 공력을 기울여야 한다.

민법에 따르면 문중은 법인격 없는 사단의 사원(社員) 즉, 개인 다수의 집합체이다. 물건을 소유할 때에는 총유로 하며, 물건의 관리 및 처분을 위해서는 문중 총회의 의결에 따르게 되어 있다. 대개 문중은 정회원들의 의결정족수와 찬성수에 따라 물건을 처분할 수 있다는 규정을 정하여 두고 있으므로, 문중 총회 절차 및 의결 등이 정상적으로 이루어진 것인지 반드시 확인하여야 한다.

④ 농지의 매입이 필요한지?

실무적으로 힘든 것 중에 하나가 농지 취득일 것이다. 농지는 농업인이나 농업회사법인이 아닐 경우, 개인이 취득하려면 제반 요건을 갖추어 '농지취득자격'을 득하여야 한다. 일반적인 법인은 농지취득 자체가 원천적으로 봉쇄되어 있다.

법인이 개발용도로 사용한다는 계획이 있다고 하더라도 행정절차상 농지전용 등의 절차가 완료되기 전까지는 농지를 취득하여 소유권이전을 할 수 없다. 사업구역 내 농지가 있는 경우, 부득이하게 개인명의로 농지를 취득하여 농지전용 후 법인으로 이전해야 한다. 초기에 확보해야 할 대상지 구역 내에 농지의 비율이 높을 경우에는 난감한 상황에 처하게 된다.

국가기관이나 행정기관에서는 거의 매년마다 사업자의 애로사항, 규제개선 사항에 대한 의견을 내라고 하지만 정작 명쾌한 해결방안을 내놓지 못하고 있다. 정부가 민간개발사업자에게 관광개발사업 활성화를 위해 지원하겠다고 하지만 현재로서는 이 부분에 대해서는 별다른 기대를 하기 힘든 상황이다.

기업의 농지취득에 대한 과도한 규제와 관련하여 '농지취득과 처분에 대한 예외규정'을 두어 구제해 주는 등 규제개선에 대한 실질적인 도움이 있기를 바란다. 지금처럼 울며 겨자먹기식으로 편법을 고민해야 하는 사업자의 어려움을 해소하기 위하여서는 해결책에 대한 정부의 적극적인 의지와 실행이 절실하다.

⑤ 분묘 이장(移葬) 관련하여 어려운 상황은 없는지?

예상보다 난항을 겪을 수 있는 것이 우리나라의 특수한 분묘 기지권 인정제도이다. 타인의 부지에 무단으로 분묘를 두게 되어도 함부로 이장할 수 없다. 분묘의 이해관계자, 즉 문중 혹은 그 대표자와 협의를 거치게 되어 있다. 따라서 부지매입과 동시에 연고자를 찾고자 하는 노력을 부단히 해야 하며 그 근거를 부지런히 남겨 두어야 한다.

유연묘(주인 있는 분묘)의 경우에는 분묘주(망인의 자손)와 협의가 최우선이다. 대응할 수 있는 법적근거가 있더라도 현실적으로는 법으로 해결하기 힘든 경우가 많다.

예를 들어, 간혹 토지수용권을 발동할 수 있는 사업(도시계획시설, 관광단지지정 등)은 '공익사업을위한토지등의취득및보상에관한법률'에 근거하여 토지와 토지위에 있는 지장물에 대하여 토지수용이 가능하다. 즉, 분묘의 경우에는 토지수용재결이 승인되면, 분묘기지권이라는 관습법상 물권은 소멸되지만 토지주 및 관계인의 민원 등 이장 반대에 봉착되어 어려움을 겪는 사례가 많다.

이를 해결하기 위해서는 '행정대집행'을 행정기관에 요청할 수 있지만, 행정기관도 민원과 국민정서란 것에 자유롭지 않아서 국가기반시설 등 공공사업을 위한 것이 아니면 '행정대집행'에 미온적이게 된다. 사업자에게 민원인과 원만히 합의하여 처리할 것을 요구하며 '행정대집행'을 해주지 않는 경우가 대부분이다.

무연묘의 경우에는 그나마 실질적인 해결방안을 찾을 수 있어 상대적으로 수월해 보이나, 이 또한 다양한 노력이 필요하다.

언론 매체 광고, 현장 안내문 표지판, 인근 마을의 협조, 벌초나 성묘 시기에 문중과의 접촉 시도 등 지속적 확인과 관리가 필요하다. 주인 없는 무연고 묘지에 대하여는 이러한 연고자 파악 노력에도 불구하고 사업 지연이 예상될 경우를 감안하여 '무연묘 개장허가 및 신고'를 지자체마다 실시하고 있으므로 이를 활용하여야 한다. 단, 그전까지 누구나 납득할만한 노력을 해서 인정되어야 신청할 수 있다는 것이 많은 지방자치단체기관의 입장이다.

⑥ 토지 수용이 필요하다면 가능한지?

토지수용재결사업구역 내 전체 토지를 100% 확보하지 못하여 토지수용재결을 통하여 사업지내 토지와 지장물을 확보하는 경우도 있다. 이는 사적재산권을 제한한다는 부정적인 의견에도 불구하고, 공익을 위하여 법적인 근거하에서 진행되는 부분이다.

'공익사업을 위한 토지 등의 취득 및 보상에 관한 법률'에 근거하여 토지와 토지위에 있는 지장물의 토지수용을 위해서는, 사업목적이 토지수용재결이 가능한 개발법령을 근거하여 진행되는 사업이어야 하며, 일정한 법적인 요건을 갖추어야 한다. 이 법은 법집행을 위한 일련의 행정절차에 있어서 형식상의 흠결이 없도록 엄격하게 진행되어야 하는 절차법에 해당한다.

사업구역 내 토지와 지장물에 대한 토지수용재결을 손수 진행했던 경험을 돌이켜 보면, 사유재산권자의 반발과 과도한 보상요구, 법에 정한 요건 이상을 충족해야 토지수용재결심의에 통과시켜 주겠다는 토지수용위원회의 압박 등으로 어려움이 많았던 것으로 기억에 남는다.

때로는 토지수용 과정에서 소송에 휘말려 사업기간이 지연되고, 여론몰이에 몰려 마치 부도덕한 사업자로 매도되는 경우도 있었다.

기본적으로 토지 관계인과의 원활한 협상을 위해서는 경험 있는 자의 도움을 받아야 한다. 공식적인 행정절차 진행에 있어서는 법률, 행정, 세무 등의 전문지식과 경험을 가진 곳의 조력을 받도록 한다.

⑦ 진입로를 확보할 필요가 있는지, 협의 가능성이 있는지?

인근 국도나 지방도와 인접하여 자연스럽게 연결되는 부지라면 문제될 것이 없다. 그러나 사업 대상부지가 일부 진입도로를 확보할 필요가 있는 맹지일 경우에는 원활한 사업 진행을 위해서 처리해야 할 중요한 사안이 될 것이다. 통상 이러한 목적으로 부지 매입을 진행할 경우 해당 토지주가 부르는 게 값일 것이다. 사전에 토지주와 협의를 통해 사업의 지역 기여도와 기대효과를 설득하여, 합리적인 선에서 부지 매입이 이루어지도록 노력하여야 할 것이다.

⑧ 전체 평균 경사도가 25도 이내에 있는지와 가용한 부지의 면적은 어떻게 되는지?

현행 법령상 건축이 가능하려면 안전상의 이유 등으로 개발 부지의 전체 경사도는 25도 이내여야 한다. 토지 매입 시 경사도 분석을 사전에 실시하여 개발 가용성이 떨어지는 부지는 가능하면 초기에 제척하도록 한다. 그러나 필지의 분할이 어렵거나 도로 개선 등을 위해 불가피하게 사야 할 경우에는 필지를 잘 선별하여 토지매입비를 절감할 수 있도록 한다. 만약 사업 부지의 평균 경사도가 25도를 초과할 경우, 인허가 관청과 협의하여 가파른 경사지를 도려내는 등 도시계획 구역계를 조정하는 것도 하나의 방법일 것이다.

이슈 ① 해당 지방자치단체와의 사전 협의

내부적으로 사업 구상의 내용이 정리되면 반드시 해당 지자체와의 사전 협의를 거칠 필요가 있다. 당연한 얘기이지만 행정규제를 건너뛰고 단독적으로 개발할 수 있는 것은 아무것도 없다. 대상 부지를 찾기 위해서 사업구상을 설명하는 자리를 갖고 지자체의 의견을 구할 수도 있고, 이미 후보지를 확보한 경우에는 해당 지자체와 구체적인 상호 협의 사항을 논의하는 것이 바람직하다.

사업 부지와 관련하여서는 지구단위 계획상 현재의 토지 용도가 무엇인지 확인하도록 한다. 필요하다면 변경이 가능한지 지자체와 협의하도록 한다. 아울러 간과하기 쉬운 사항으로 분묘 이장 협의[1]나 미매입 토지의 매입 완료 등 필지 정리,[2] 문화재 관련 유물과 유적지 유무, 동식물 관련 국가보호종의 서식 가능성, 인근 마을의 주민 수용성 등 토지와 관련된 제반 사항을 사전에 꼼꼼하게 점검하도록 한다. 아울러 이를 선행적으로 해결하는 데 소요되는 일정도 전체 프로젝트 일정에 포함시켜 차질이 없도록 한다.

사업 예상 부지라는 것이 미리 소문나지 않도록 철저한 기밀유지에 신경써야 한다. 필지가 여러 곳으로 나누어진 경우와 특히 대규모 토지의 매입이 필요한 경우에는 정보의 사전 유출로 토지가격의 상승에 따른 토지 매입 협상에 험로를 걸을 수 있다.[3]

---

1) 우리나라는 특이하게도 국가나 타인 소유의 토지에 묘지를 두었어도 임의로 처분할 수 없는 묘지 기지권을 법적으로 허용하고 있다. 사업허가기관에서는 대개의 경우 개발사업 승인 과정에서 완전한 토지 소유권 확보와 더불어 분묘에 대한 이장 협의나 개장 신고, 토지사용승낙 등을 요구하고 있다. 의외로 묘지주가 문중묘일 경우 그 합의 소요기간 때문에 전체 프로젝트가 수년간 지연되는 경우도 비일비재하므로 꼼꼼하게 확인을 요한다.
2) 악의적인 소위 알박기 토지일지라도 행정청에서는 민원 등 우려 때문에 통상 사업자가 해결하도록 요구한다.
3) 디즈니랜드조차도 플로리다 주 올랜도 지역의 오렌지 카운티에 부지를 확보할

이슈 ② 사업지 주민들과의 소통

해당 행정기관과 사업 관련 협의를 진행하면서 사업주체 내부적으로도 추진하려는 의사결정이 이루어졌다면, 이어서 해당 부지 인근의 주민들과의 의사소통을 진행하도록 한다.

마을의 대표기구를 통하면 효율적이긴 하나 전적으로 다 믿을 수는 없다. 언제나 반대 의견을 가진 소외된 주민들이 있기 마련이어서 마을회의 결정이 번복되고 또 다른 난관에 봉착하기 십상이다.

마을에서 신망이 높은 키맨을 만나 사업에 대하여 상의하고 마을회의 입장과 의견을 확인하도록 하자. 적절한 시기에 전체 마을주민을 대상으로 사업설명회를 가지도록 하여 치우침이 없이 마을회와 소통하여야 한다.

한국에서 사업하려면 소위 헌법 위에 있는 지역 정서법을 견디며 내야 한다.

힘든 과정이긴 하지만 주민 의견 수렴과 마을회의 동의를 얻기 위해 다양한 노력을 기울여야 한다. 마을행사에 찬조하거나 경조사를 챙기며 유대관계(rapport)를 만들어 가고, 법적 의무사항은 아니지만 마을발전기금[4]도 생각하고 있어야 한다. 지역마다 다르겠지만 현실에서는 본 사업이 진행되기 전에 쓰여지는 사업준비 자금도 상당하다.

또한 비공식적이고 개인적인 접촉과 이권 챙기기의 제안도 많다.

당시, 여러 페이퍼 컴퍼니를 통해 은밀하게 진행할 정도였다고 한다.

4) 2000년대에 마을발전기금은 몇 천 만원 수준이었으나, 2010년대 들어서 몇 억 원대, 20년이 경과한 최근에는 몇 십 억 원까지 해를 거듭할수록 증가하고 있다.

이러한 은밀한 거래는 영원한 비밀이 될 수 없다. 마을에 혼란을 주지 않도록 미리 상호간 입장 정리를 해 두어야, 이후 마을 내부의 갈등으로 비화되는 것을 미연에 방지할 수 있다.

우리나라에서 사업을 한다는 것은 끊임없는 민원처리의 연속이다. 갈등이 장기화되면 오랜 병에 장사 없듯, 사업의 진행이 결국 불가능하게 된다. 행정기관은 민원에 제일 민감해 하며, 적극적으로 나서서 해결해 줄 의지가 희박하다.[5) 여전히 사업자의 부담으로 고스란히 남아 있다.

아울러, 사업지의 마을회뿐만 아니라 지역 언론, 유관 단체, 지방의회 등 간접적 이해관계자(stakeholder)들의 영향력도 상당하므로 소홀히 할 수 없다. 사업자는 일개의 조직일 뿐인데, 둘러싼 이해관계자들과 1 : 多의 대응을 해야만 하는 힘겨운 과정을 거쳐야 한다. 대한민국에서 사업하기는 참으로 어렵다.

① 주민 수용성 이슈

사업 착수 전

마을 전현직 이장, 개발위원, 주요 자생단체장 등 지역 주민대표들에게 먼저 사업계획을 설명하고 마을회의 입장을 수렴하는 과정이 필요하다. 이러한 과정을 거치고 난 후 시의 적절하게 마을회 전체를 상대로 사업설명회를 가지는 수순을 밟도록 한다. 이런 노력에도 불구하고 모든 사업에는 사업 내용을 전달받지 못하고 소외되었다는 연유로, 뒤늦게 민원을 제기하는 사람들이 등장하게 된다. 민원의 제기

---

5) 이러한 갈등으로 지역 전체가 내홍에 시달렸던 제주특별자치도에서는 갈등조정협의회를 조례로 공식화하여 운영하고 다양한 이해관계를 조정하려는 노력 중이다. 우리나라의 지역 사회 사업에서 '갈등 관리'가 주요 현안임을 보여주는 한 단면적 모습이다.

는 피할 수 없지만, 민원을 줄여가는 것이 중요하다.

인허가 등 사업 추진 과정

단계별 인허가를 거치면서 마을회와 연관된 이슈 사항들에 대하여, 공식 혹은 비공식적인 설명과 설득 과정을 지속적으로 진행해야 한다. 필요하다면 사업자와 마을회의 법인격 간 입장을 공식적으로 문서로 남기는 것도 좋은 방안이고, 협의 과정에 대하여 세세하게 문서나 녹취, 영상물 등으로 기록화하여 두면 좋다. 협의 안건, 일자 및 시간, 참석자, 협의 내용에 대하여 연대기를 작성해 두는 것을 권한다.

최종적으로는 법적 사항은 아니나 많은 경우에 마을회와 사업자 간 '상호상생협약서'를 체결하게 된다. 이 협약서에는 그간 마을회에서 사업내용을 설명 듣고 마을회 입장에서 요구되는 사항들을 집약적으로 담게 된다. 대부분 마을발전기금이라는 명목으로 사업자는 기부금을 제공하는 것을 포함하고 있다. 한국에서의 통상적 사례를 보면, 협상력을 높이기 위해 마을회에서는 일단 반대부터 하고 서서히 협의점을 좁혀 가는 형태가 일반적이다.6)

법적 지위로는 마을회의 공식 대표격인 이장이 마을회의 직인을 사용하여 협약서를 체결하는 형태를 띤다. 주의할 점은 공식적인 대표자나 대표기구만을 거치게 되면 추후에 마을회의 다른 반대주민들의 이의제기 등에 직면하여 협약서의 효력 자체가 정서법상 무력해질 수도 있다는 것이다. 협약서 체결에 있어서 마을회 내부의 전체 동의

---

6) 한국의 마을회와 시민단체들은 이미 서로 학습되어 있다. 아무리 좋은 사업이라도 이슈는 있기 마련인데, 일단 반대 입장으로 사업자와 행정을 괴롭히면 협상력에서 우위를 점한다고 생각하는 것이다. 이는 하나만 알고 둘은 모르며 소탐대실하는 관행이다. 사업자들도 사람이다. 미움받고 죄인시 되는 만큼 돌려줄 것이고, 환대받고 존경받는 만큼 갚을 것이 아닌가?

를 확보하고 있는지를 잘 따져 보아야 한다.

마을회와의 협의 과정을 효율적으로 추진하기 위해 소수에게만 정보가 공개되고 협의되는 것은 위험성이 있다. 특히 일부 지역민에게 한정된 이권 개입은 마을 내부의 갈등을 유발할 수 있으므로 조심하여야 한다. 마을회의 공식적인 행사와 경조사에 한정할 것을 권한다. 마을회에는 이러한 조심스러운 상황에 대하여 양해를 구해야 한다.

사업 허가 이후 본공사 단계

지방자치단체마다 사업허가 조건이 다르긴 하나 심의 과정에서 일부 지역민 참여와 건설장비의 투입을 조건부로 하는 경우가 비일비재하다.[7]

지역주민 입장에서도 이러한 사업의 진행 단계에서 참여할 기회를 얻고 소득을 얻고자 하는 이해관계가 맞물려 있다. 이로부터 많은 가처분 신청 등 민원 제기를 하게 되고, 사업자 측에 공식적 비공식적 요구를 하게 된다. 이러한 예외 없이 발생할 상황에 대비하여 공개경쟁입찰 등 사업참여의 조건과 기준을 사전에 명시하고, 마을회에도 공유하여 설득하는 과정을 사전에 준비하는 것이 필요하다.

두 가지 이유가 있다. 하나는 사업자 입장에서도 건설사업 발주에 있어 공정하고 투명한 과정을 거치지 않을 경우 공정거래 위반이

---

7) 특히 제주도는 특별자치도의 지위를 가지고 운영 단계에서 지역민 고용의 80% 이상, 조성단계에서 지역 건설사의 도급발주 비율을 과반 이상으로 규정하고 있어, 사업자 입장에서는 인력 고용과 건설비 효율성 측면에서 부담이 상당하다. 제주도 개발사업의 경우 많은 전문 장비와 건설자재가 육지에서 조달되어야 하고 건설에 투입되는 전문 인력의 현장 체류비 등을 감안하면, 적게는 15%에서 많게는 50%까지 도서지역 할증이라는 건설비 상승요인이 발생하므로 사업계획을 수립할 때 사전에 고려되어야 한다.

라는 법인 자체의 문제를 떠안게 되고, 다른 하나로는 개발사업은 기부사업이 아니라 비용은 줄여야 하고 이익을 극대화해야 하는 영리를 목적으로 하는 사업이기 때문이다. 해당 지방자치단체와 지역주민의 이해와 협조를 구해야 할 부분이다.

② 기타 단체들의 사업 관여

앞서 지역주민의 수용성을 언급하였지만, 그 규모나 권력상 또다른 차원의 집단들이 존재한다. 먼저는 지방자치 단위의 의원이고 다음은 해당 지역 언론사들이다.

행정기관의 자치단체장과 소속정당이 다를 경우, 특히 반대 정당 비율이 높은 경우, 행정 절차의 진행에 가혹한 의혹 제기와 진상 규명을 요구하는 일이 빈번하다. 행정감사, 특별사무감사 등 지방의회가 가진 강력한 견제 수단이 있으므로 행정 관련한 일처리는 중단되거나 해소되기까지 혼돈의 늪에서 허우적거리게 된다. 반대주민들의 편에 서서 지방의원이 개입하기 시작하면 쉽사리 끝나기는 어렵다.

지역 언론사들도 마찬가지다. 구독률이나 조회수를 높이기 위해 심한 경쟁을 하는 구도에서 선정적이고 눈길을 끄는 기삿거리를 선호하게 된다. 사업이 잘되어 가는 것은 기사화되기 어렵다. 사업에 문제가 있다는 것은 기사감이 된다. 문제는 법적으로 제도적으로 적법하게 사업자가 각종 심의 단계를 거쳐도, 의혹 제기, 꼼수 행정, 민원과 소송 제기 앞에서 사업자는 속수 무책이다. 진행을 멈추고 정리될 때까지 인허가 담당부서의 눈치를 두손을 모으고 지켜봐야 한다.

개발사업을 하는 많은 사람들은 이런 생각이 들 것 같다. 수차례의 반복적인 심의 및 평가 절차는 왜 있는 것인지? 법과 기준에 맞게 한들 남발하는 의혹과 민원 제기 앞에 무슨 쓸모가 있는 것인지? 성숙한 시민사회로 가기 전에 겪어야 할 과정이라고 생각해야 할까? 공식적인 법(헌법, 법률 등)도 있지만, 국민 정서법이 더 무서운 게 한국의 현실이다.

우리나라에서 사업하는 사람은 죄인 취급받는 것이 씁쓸한 현실이다. 행정에 치이고, 의회에 치이고, 심의위원들에게 굽실거려야 하며, 지역주민들과 언론사에게도 겸손해야 한다. 비록 법제도적 테두리 안에서 헌법에 보장된 자유경제주의 원리와 재산권의 보장이라는 규정에 따라 정정당당하게 사업을 할지라도, 사업하는 사람은 뭔가 숨기고 기만하며 주변에 피해를 입히는 집단으로 인식된다는 것이 안타까울 따름이다.

마지막으로 조심스러워 언급하지 않은 것이 있다. 만약 환경보호 단체와 시민단체가 반대 주민과 편향적 언론기관과 연대하여 사업 반대 운동을 시작하게 된다면, 이때가 심각하게 사업중단을 고민할 시점이 되었다는 것이다.

그들의 아주 조직적이고 지능적인 Negative 전략을 일개 사업자가 감당하는 것은 거의 불가능에 가깝다. 갈등이 비화되어 무엇을 진정으로 해결하기를 바라는지도 서로가 모르는 상황으로 치닫고, 사업자의 이미지는 나락으로 추락하여 차라리 처음부터 하지 않느니만 못하게 된다. 마을주민들도 몰랐던 동식물 보호가 튀어나오고 어디서 구했는지도 모르는 사업의 내부정보도 들추기 시작하며 반대를 위한 반대의 학습이 자가발전한다. 감정대립 속에서 무엇이 진실인지 해명할 기회도 없다. 사업자와 찬성 주민들은 보기 좋게 언론기관의 먹잇감이 된다.

이쯤되면 사업이 잘 되어 서로 상생하는 일은 이미 요원한 상황에 이르고, 미움과 질타 속에서 사업주는 심적인 추진 동력을 잃게 된다. 지역사회와 협력하면서도 사업추진 과정에는 내외부 환경적 리스크가 많아 쉽지 않은 것이 리조트 개발 사업이다. 변화를 거부하고 반대를 위한 반대의 벽까지 넘어서야 하는 우리나라의 리조트 개발 사업자들의 고충은 이만저만한 것이 아니다.

02 사업 추진 프로세스

'사업계획'이라는 용어로 통칭하여 사용하지만, 사업단계별 또는 행정절차상의 허가 종류별로 수립되는 사업계획의 세부내용은 질적/양적인 수준에서 차이가 있다. 크게 단계별로 나누어보면 사업기획, 행정계획 입안, 조성계획, 건축허가, 시공, 사용허가 및 영업허가의 수순을 따른다. 이하에서는 큰 틀에서의 사업계획 작성 및 행정절차 진행에 참고할 부분을 중심으로 살펴보고자 한다.

사업계획서상의 사업성 분석 부분은 초기 사업기획 이후 사업내용이나 규모, 스펙이 구체화되면서 더 정교하고 정확하게 완성되어 갈 것이다. 보통은 사업계획의 한 부분에 수지분석을 개략적으로 하기도 하지만, 회계법인의 조력을 받아 내외부 경영환경분석부터 예상 매출 및 수익분석까지 좀 더 상세하게 하기도 한다.

허가청에서 요구하는 사업계획서 작성 시, 사업의 성격에 따라서 해당 기관에서 정하는 기본 양식과 기술 항목이 있는 경우에는 잘 확인하도록 한다. 대부분은 사업자가 알아서 작성하여야 하므로, 제출 전 허가담당 부서와 사전협의를 꼭 거치도록 한다.

1 사업기획 단계

초기 기획 단계에서는 목적 사업에 대한 사업자의 의도를 관계 행정기관에 설명하고 이해를 구하는 자료로 활용된다. 향후 내용상 변경이 다수 있을 것이라는 것을 서로 이해하고 있다. 제안서(Proposal)의 성격이라 보면 될 것이다.

기술항목: 사업목적, 사업종류, 사업구역(부지면적, 소유자 현황, 용도지역, 기본적인 제한사항), 사업규모, 투자비, 사업성(예비타당성) 분석, 예상사업기간, 지역발전 기여방안 등

1) 인허가용 사업계획서

여기에서는 지역 개발과 지역사회 활성화의 일환으로 추진되는 지자체 공모 사업에 제출되는 사업계획서의 일반적 예시를 소개한다.

초기 사업계획에는 사업 자체의 내용은 간략히 하고 토지 매입, 재원 조달, 사업성 분석, 운영계획 등 재무관리적 내용과 공공기여에 관한 부분이 많은 비중을 차지한다.

바람직한 사업계획 수립이라면, 개발 방향과 콘텐츠 등 사업내용 구상이 초기 단계에 더 비중 있게 다루어져야 할 것이다. 그러나, '인허가용', 즉 공공기관의 관점에서는 정량적 숫자와 사업의 진정성을 확인하려는 목적이 크다. 토지는 어떻게 확보할 것인지, 투자자금은 있는 사업체인지, 돈이 되는 사업인지, 지역발전에 어느 정도 기여할 계획인지와 같은 내용을 제시해야 한다.

2) 리조트 개발의 사업성 분석 항목

사업의 추진 초기에 사업성을 분석한다는 것은 상당히 어려운 작업이다. 구체적이고 가시화된 사업 내용이 빈약한 상황에서 유사 사례나 수많은 가정치(assumptions)를 통해 전체적인 숫자를 맞춰보는, 힘겨운 작업이라고 할 수 있다.

2010년경에 필자가 디즈니 임원들과 면담할 기회가 있었는데, 그들은 사업성 분석을 어떻게 이해할까 궁금해서 물어본 적이 있다. 이 질문에 대한 정확한 대답은 듣지를 못했다. 대신 사업성이 있느냐 여부를 따지기 전에 "지금 계획하고 있는 개발 컨셉과 스토리가 고객들에게 얼마나 매력적인가"에 더 주안점을 둔다는 얘기를 전해 들었다. 그때 필자의 마음에 와닿은 것은 '이 사람들은 리조트 사업의 핵심을 이렇게 이해하고 있구나'와 '정성을 다해 잘 만들고 서비스 하는 리조트는 고객이 외면하지 않는다는 것을 신념으로 하고 있구나'라는 두 가지였다.

여기서는 복잡한 사업성 분석을 세세하게 설명하기보다는, 개발 기획가로서 어떤 내용을 중점적으로 보아야 하는지와 관련하여 간략히 나누고자 한다.

사업 추진을 위해 억지로 숫자를 짜맞추기보다는, 전문가로서 합리적인 기준과 조건을 가지고 객관적이고 분석적인 입장에서 사업성 분석을 실시해야 한다. 외부 회계법인에 용역을 의뢰하여 재무적 투자자들이 요구하는 양식에 맞게 사업성 분석 리포트를 작성해야겠지만, 사업의 세부적인 분석 기준에 대하여는 개발 기획을 담당하는 전문가의 경험과 사업 내용의 이해에 기반하여야 한다.

리조트 인프라 & 부지 조성

초기 투자비	• 토지비: 인근 시세, 감정평가 등 • 토목공사비: (가설)펜스, 지중매설물 처리, 철거비, 부지정리, 옹벽, 사업지 내 도로, 점·비점 오염처리시설, 조경, 가로등, 통신설비, 하수처리시설, 저류지 등 • 인프라 인입비: 상하수도, 지하수, 전기통신, 에너지 등 • 진입도로 개설(신규, 확장, 보완) 비용 • 분묘 기수와 보상, 이장 등 비용 • 문화재 이슈: 문헌 조사, 인근 사례 등 • 생태자연도 등 가용부지 확보 가능성
운영 비용	• 수도광열비: 상수, 지하수, 에너지, 전기통신 등 • 폐기물 처리: 하수, 배출물 등 • 조경환경 개선 비용 • 시설유지보수비: 인건비, 실비, 외주비 등

리조트 숙박시설

초기 투자비	• 건축비: 건축면적, 건축품질 등 시장가격 반영 • 시설별 단가 적용: 숙박, 공용부, 특화시설 등 • 인테리어, 가구 등 집기류, 예술품 등 • 어메너티 개발 및 도입 비용
매출	• 분양 수익: 총분양판매액 - 분양 마케팅, 외주비용 • 객실 타입/고객/시즌별, 연간 예상(목표) 가동률 • 객실 타입/고객/시즌별, 적용 숙박 요금 단가
운영 비용	• 운영인력 인건비, 판관비(수도광열비 등) • 어메너티 등 소모품비 • 건축물 감가상각비[1] • 시설 유지보수 비용, 장기수선충당금(재투자비)

리조트 골프장(홀 조성, 잔디 관리용수 확보)

초기 투자비	• 토지비: 인근 시세, 감정평가 등 • 토목공사비: (가설)펜스, 지중매설물 처리, 철거비, 부지정리, 옹벽, 내부 카트/관리 도로, 점·비점 오염처리시설, 가로등, 통신설비, 하수처리시설, 저류지, 안전망, 조명탑 등 • 인프라 인입: 상하수도, 지하수, 전기통신, 에너지 등 • 시설 건축비: 클럽하우스, 그늘집, 관리동 등 • 시설물 집기 비용: 락커, 식음료 장비, 주방설비, 샤워장 비품, 미용 편의용품, 무선통신장비 등 • 초종별 도입 비용: 서양잔디, 한국잔디 등 • 잔디 관리 장비,[2] 카트 도입비: 임대 혹은 구매 • 조경 환경 구축비: 수목, 관목, 초화류, 암석 등 • 분묘 기수와 보상, 이장 등 비용 • 문화재 이슈: 문헌 조사, 인근 사례 등 • 생태자연도 등 가용부지 확보 가능성
매출	• 연간 이용객수: 인근 사례 혹은 목표치 • 골프 라운딩 단가: 이용객별, 시즌별
운영 비용	• 수도광열비: 상수, 지하수, 에너지, 전기통신 등 • 폐기물 처리: 하수, 배출물(생활 쓰레기, 잔디밥) 등 • 잔디 관리비[3]: 직접 인건비, 외주비, 재료비, 연료비 등 • 조경환경 개선 비용 • 시설유지보수비: 인건비, 실비, 외주비 등 • 장비 감가상각비[4]: 잔디 관리장비, 카트 장비 등

---

1) 건축물은 소재와 건축공법에 따라 감가상각 기준연한이 다르긴 하나, 30~50년을 적용하는 것이 일반적이다.

2) 잔디 관리 장비는 최소 16종이 있다. 이유로는 티잉 그라운드, 페어웨이, 러프,

리조트 스키장(제설(製雪), 슬로프 이동수단 및 스테이션)

초기 투자비	• 토지비: 인근 시세, 감정평가 등 • 토목공사비: (가설)펜스, 지중매설물 처리, 철거비, 부지정리, 옹벽, 내부 관리 도로, 점·비점 오염처리시설, 통신설비, 하수처리시설, 저류지, 안전망, 야간 조명탑 등 • 인프라 인입비: 상하수도, 지하수, 전기통신, 에너지 등 • 시설 건축비: 상하부 스테이션, 휴게시설, 관리동 등 • 시설물 집기 비용: 락커, 식음료 장비, 주방설비, 샤워장 비품, 미용 편의용품, 무선통신장비. 렌탈장비 등 • 삭도시설 도입비: 곤돌라 및 리프트 등 • 제설(製雪) 장비 구입 및 인프라 구축비 • 조경 환경 구축비: 수목, 관목, 초화류 등 • 분묘 기수와 보상, 이장 등 비용 • 문화재 이슈: 문헌 조사, 인근 사례 등 • 생태자연도 등 가용부지 확보 가능성
매출	• 연간 이용객수: 인근 사례 혹은 목표치 • 이용 단가: 이용객별, 시즌별, 티켓 권종별(스키 스쿨 포함)
운영 비용	• 스키장 운영인력 인건비 • 수도광열비: 상수, 지하수, 에너지, 전기통신 등 • 폐기물 처리: 하수, 배출물 등 • 제설(製雪) 관리비: 인건비, 외주비, 재료비,[5] 연료비 등 • 스키장 환경 개선 비용 • 삭도 및 스테이션 시설유지보수비: 인건비, 실비, 외주비 등 • 장비 감가상각비: 제설(製雪) 관리장비, 패트롤 카 등

경계지, 해저드, 벙커, 그린 등 다양한 관리지역이 있으며, 이에 맞는 장비가 필요하기 때문이다. 커팅 장비(예초기) 외에도 잔디밥을 수거하거나 블로잉 하는 장비, 손상 잔디를 교체하거나 보수하는 장비, 엣지 트림 장비, 다짐 롤러, 에어레이션을 위한 장비, 작업용 트럭, 비료 및 제초제 살포기 등 많은 장비가 추가로 필요하다.

3) 관리 역량과 상태, 입지에 따라 다르나, 외주 기준으로 한국잔디는 연간 약 9~12억원, 서양잔디는 약 15~17억원 정도 소요된다.

4) 기계류의 감가상각비는 장비의 경우 5년, 삭도시설은 15년으로 통상 기준한다.

5) 설질(雪質)을 유지하기 위해 화학약품을 사용하는 데 상당한 비용이 든다. 지구온난화로 인해 점차 사용기간과 사용량이 증가하여 비용이 증가하는 추세이다.

리조트 워터파크(수처리 인프라, 물놀이 어트랙션, 편의시설)

초기 투자비	• 토지비: 인근 시세, 감정평가 등 • 토목공사비: (가설)펜스, 지중매설물 처리, 철거비, 부지정리, 저류지, 옹벽, 　내부 관리도로, 풀(pool) 조성, 대형 수처리시설, 하수 처리시설, 통신설비, 　가로등 등 • 인프라 인입비: 상하수도, 지하수, 전기통신, 에너지 등 • 건축비: 건축면적, 건축품질. 락웍(Rock Work, 인조연출 바위) 등 테마화 • 어트랙션 구축비: 슬라이드, 파도풀 등 • 조경 환경 구축비: 수목, 관목, 초화류 등 • 시설물 집기 비용: 락커, 식음료 장비, 주방설비, 샤워장 비품, 무선통신장 　비 등 • 브랜드 개발 및 적용 비용: 로고, 사이니지 등 • 기타 비용: 분묘 이장, 문화재 발굴 등
매출	• 연간 이용객수: 인근 사례 혹은 목표치(설계 기준일 검토) • 이용 단가: 이용객별, 시즌별, 티켓 권종별
운영 비용	• 파크 운영인력 인건비 • 샤워/락커룸 어매너티, 물놀이 도구 소모품비 • 수도광열비: 상수, 지하수, 에너지(온수), 전기통신 등 • 수질관리비: 정수 시설, 필터 교체, 오폐수 처리 등 • 폐기물 처리비용: 수처리 폐기물, 생활 쓰레기 등 • 세탁 비용: 물놀이 도구, 수건 등 세탁 및 오염수 처리 • 유지보수비용: 건축물, 기계설비(수처리 등), 락웍 조형물 등 • 장기수선충당금(재투자비) • 감가상각비: 건축물, 기계장비, 어트랙션 등

리조트 스파 & 웰니스(온천수 확보, 서비스 설계)

초기 투자비	• 건축비: 건축면적, 건축품질 등 시장가격 반영 • 인테리어, 가구 등 집기류, 예술품 등 • 어메너티 개발 및 도입 비용 • 온천수 개발비: 지하수 혹은 상수
매출	• 시설 및 프로그램 연간 예상(목표) 이용객수: 일반+투숙객 • 서비스별 이용 요금 단가
운영 비용	• 운영인력 인건비 • 어메너티 소모품비 • 수도광열비 • 수처리 관리비 • 유지보수비용 • 장기수선충당금(재투자비)

리조트 부가 매출 시설 1: 카페(전망, 건축적 미학)

초기 투자비	• 건축비: 건축면적, 건축품질 등 시장가격 반영 • 인테리어, 주방기구 및 카페 가구 등 집기류, 예술품 등 • 어메너티 개발 및 도입 비용 • 스페셜티(Specialty)의 경우, 커피원두 로스팅 설비 • 베이커리 포함 시, 오븐 등 제과제빵 설비
매출	• 연간 예상(목표) 이용객수: 일반 + 투숙객 • 메뉴별 단가
운영 비용	• 운영인력 인건비: 바리스타, 홀서빙, 카운터, 매니저 등 • 재료비 • 어메너티 소모품비 • 수도광열비 • 유지보수비용 • 장기수선충당금(재투자비)

리조트 부가 매출 시설 2: 파인 다이닝 레스토랑(맛, 분위기)

초기 투자비	• 건축비: 건축면적, 건축품질 등 시장가격 반영 • 인테리어, 주방기구 및 홀 가구 등 집기류, 예술품 등 • 대형 식자재 냉장/냉동 창고 • 어메너티 개발 및 도입 비용
매출	• 연간 예상(목표) 이용객수: 일반 + 투숙객 • 메뉴별 단가
운영 비용	• 운영인력 인건비: 쉐프, 조리원, 홀서빙, 카운터, 매니저 등 • 재료비: 식자재 등 • 어메너티 소모품비 • 수도광열비 • 유지보수비용 • 장기수선충당금(재투자비)

리조트 임대시설(브랜딩과 집객력에 따른 임대요율 결정)

초기 투자비	• 건축비: 건축면적, 건축품질 등 시장가격 반영 • 옵션[6]: 인테리어, 가구 등 집기류 → 임차인 부담시 제외
매출	• 임대시설별 연간 예상(목표) 이용객수와 객단가 • 임대시설별 임대료: 정액제, 정률제, 혹은 혼합형 등 • 관리비: 수도광열비, 감가상각비, 유지보수비 등
운영 비용	• 인건비: 임대시설 관리 인력 • 유지보수비용: 공용부 등 전체 건축물 • 장기수선충당금(재투자비)

---

6) 통상 건축물의 기본 벽체와 인프라까지만 건축하고 소유 공간을 임대(賃貸, 빌

리조트 유료 체험 프로그램(운영 기획, Seasonal Attractions)

초기 투자비	• 건축비: 필요시 경량 건축물 조성비 반영 • 시설 조성비: 프로그램 내용에 따른 시설물 구축 • 준비금: 홍보 광고, 팜플릿
매출	• 프로그램별 연간 예상(목표) 이용객수 • 프로그램별 이용료
운영 비용	• 프로그램 운영인력 인건비 • 운영 소모품비, 유지보수비용

공통 사항

초기 투자비	• 설계비: 부지 측량/현황조사, 토목, 건축, 조경, 특수설계 등 • 인허가 도서 작성 용역: 사업계획서(공모일 경우 공모제안서), 인허가 절차별 준비 도서, 각종 심의평가 도서, 기타 제출서류(문화재, 지하수, 환경영향조사 등) • 컨설팅 비: 운영자문, 감리, 법률자문 등 특수분야(필요시) • 브랜드 디자인 비용: 전체 및 개별 시설/콘텐츠, 로고/사이니지/유니폼/어메너티 등 • 광고 홍보비
매출	• 취득가 대비 토지 등 보유자산 가치 상승분: 감정평가 등
운영 비용	**<사업 추진 단계>** • 원인자 부담금: 생태환경, 상수도 개발, 교통환경개선 등 • 공공기여금: 개발이익환수금, 비공식 마을발전기부금 등 • 법인 설립 자금 • 제세공과금: 취등록세 등 • 금융 비용: 주선료, 대출 약정이자 등 • 추진 조직 인건비 및 판관비, 사무실 임대료 **<사업 운영 단계>** • 제세공과금: 법인세, 보험료 등 • 금융 비용: 원금 및 대출 약정이자 등

려줌)하는 것이 가장 일반적이지만, 브랜드의 기본적 디자인 가이드가 유지되어야 할 필요가 있다면 임차인(賃借人, 빌려쓰는 사람)에게 사전 협의하여 적용될 수 있도록 해야 할 것이다.

스타벅스의 경우도, 가능하다면 지역 매장에 전통적, 건축적 미적 요소를 잘 살려 인테리어를 하며 방문 이용객에게 좋은 평가를 받고 있다.

2 행정계획 입안(도시군 기본·관리계획 반영단계)

각 시군은 상위행정계획인 국토종합계획, 도종합계획, 광역도시계획에 부합하게 시군 기본계획 및 관리계획을 입안하도록 되어 있다. 사업자는 목적사업을 추진할 수 있게 행정계획을 허가관청에 요청하기 위해서는, 사업계획을 준비하여 행정기관과 협의를 거쳐야 한다.

시군도시관리계획은 국토의계획및이용에관한법에 근거하여 주민(이해관계자)제안 방식으로 입안을 제안할 수도 있다.

계획설명서에는 기초조사결과서, 토지적성평가검토서, 재해취약성분석 결과서, 교통성검토서, 환경성검토서, 경관검토서 등이 담겨야 하므로, 기본건축계획(배치도, 개략 규모), 토목/도시관련 도면(토지이용계획, 가구획지계획, 우오수처리계획 등)이 준비되어야 할 것이다.

이외 공공용지를 전부 혹은 일부로 사업부지에 포함하는 개발사업의 경우, 사업자 입장에서 가장 민감한 '공공 기여금' 협의가 있다. 한국 사회에서 개발사업에 거듭 제기되어 왔던 '특혜' 시비를 불식시키기 위해 시행되어 오고 있는 제도로, 적정한 개발차익의 환수를 목적으로 하고 있다. 공공용지의 규모가 클수록 그 부담도 만만치 않다. 사업성 검토 시 누락되지 않도록 챙겨야 한다.

① 공공기여시설 종류(국토계획법 제52조의2)

1) **공공시설**: 국토계획법 제2조 13호에 따른 시설(소유: 공공)
- 도로, 공원, 철도, 수도, 항만, 공항, 광장, 녹지, 공공공지, 공동구, 하천, 유수지, 방화설비, 방풍설비, 방수설비, 사방설비, 방조설비, 하수도, 구거(溝渠: 도랑)

2) **기반시설**: 국토계획법 제2조 6호에 따른 시설(소유: 공공)
- 교통시설: 도로, 철도, 항만, 공항, 주차장, 자동차 정류장, 궤도, 차량 검사나 면허 시설
- 공간시설: 광장, 공원, 녹지, 유원지, 공공공지
- 유통·공급시설: 유통업무설비, 수도·전기·가스·열공급설비, 방송·통신시설, 공동구, 시장, 유류저장 및 송유설비
- 공공·문화체육시설: 학교, 공공청사, 문화시설, 공공 필요성이 인정되는 체육시설, 연구시설, 사회복지시설, 공공직업훈련시설, 청소년수련시설
- 방재시설: 하천, 유수지, 저수지, 방화설비, 방풍설비, 방수설비, 사방설비, 방조설비
- 보건위생시설: 장사시설, 도축장, 종합의료시설
- 환경기초시설: 하수도, 폐기물처리 및 재활용시설, 빗물저장 및 이용시설, 수질오염방지시설, 폐차장

3) **공익시설(소유: 공공)**: 사업지 인허가 승인기관 요청에 따른 시설 중 해당 도시계획위원회에서 공공성 확보를 위한 용도로 인정한 시설(공공임대주택, 공공임대산업시설, 공공임대상가 등)

공공기여시설 종류

공공시설	기반시설	공익시설
도로·공원· 철도·수도 등	교통, 공간, 공공/문화체육, 유통/공급, 방재, 보건위생, 환경기초 등	공공임대주택, 기숙사, 공공임대산업시설, 공공임대상가

② 협상 진행 및 감정 평가 절차

협상 진행 절차

통상 아래의 절차로 진행되나, 사업 추진의 사정에 따라 지자체와 협의를 통해 절차를 병행하거나 소요 기간을 단축하거나 하는 등의 협의가 가능하다.

지자체 사전협상 절차(예시)

개발계획(안) 제출	협상제안서 제출(본협상)	지구단위계획입안신청
• 검토신청서 • 개발계획 요약서 • 공공기여 계획서 • 도시관리계획변경내용 • 건축계획 관련도서	• 제안서 • 평가결과조건 이행방안 • 사업계획서 • 공공기여시설 내역 • 건축계획서	↓ 협상종료 후 1년 내 열람·공고
↓	↓ 주민설명회(필요시)	↓
개발계획(안)검토·평가	도시계획위원회자문	지구단위계획입안
• 개발계획의 타당성 • 공공기여계획 적합성 • 도시관리계획변경 필요성	↓ 협상시행 (공공·민간·외부전문가)	↓ 도시건축공동위원회
↓	↓	↓
평가결과 통보 (전제조건 부여)	감정평가	지구단위계획결정 (용도지역변경)
↓ 접수일로부터 60일 내	↓	↓
수용여부 결정 (예비협상)	협상(내용)결정 (공공·민간·외부전문가)	결정·고시
↓ 접수일로부터 30일 내	↓	↓
협상개시 통보	협상종료	사업승인신청

① 개발계획(안) 검토평가(60일) → ② 수용 여부 결정(예비 협상) → ③ 본 협상(6개월) → ④ 협상 이행의 4단계로 진행된다.

감정평가 절차

- 감정평가사는 국토교통부 장관이 공고한 대형감정평가 법인 중 해당 지방자치단체에 지회를 소재한 2개의 법인을 선정하며, 지자체와 사업시행자 각각 1곳씩 추천하여, 평가에 필요한 모든 비용은 사업시행자가 부담한다.
- 토지감정평가는 사업계획을 고려하여 평가하며, 개발규모, 용도, 기반시설 설치계획 등을 고려한 실질 토지가치 상승분을 산정한다.
- 최종감정평가는 도시건축공동위원회 심의 전에 실시하여 공공기여량 및 공공기여 시설을 결정하여야 한다.

① 사업계획 및 공공기여방안 제출 (사업자 → 지자체)	② 사업계획 및 공공기여 시설 위치확정(협상) (지자체, 사업자)	③ 감정평가법인(2~3인) 선정 (지자체, 사업자)
④ 감정평가 의뢰 (지자체 → 감정평가업자)	⑤ 감정평가 실시 (대형감정평가법인)	⑥ 감정평가심사위원회 심의 (한국감정평가사협회)
⑦ 감정평가서 제출 (감정평가업자 → 지자체)	⑧ 평가수수료 지급 (사업자 → 감정평가업자)	⑨ 감정평가금액 산술평균 (지자체)

③ 공공기여 가액 산정 기준

공공기여 시설 가액 산정 방법

「설치비용＝표준 조성비×시설 면적」

- 표준 조성비: 「국토계획법」 제68조 제3항 및 같은법 시행령 제68조 및 제70조 제2항에 따라 국토부장관이 고시한 표준 조성비

● 시설 면적: 협상을 통해 조성키로 한 공공기여 시설 면적

기반시설별 단위당 표준 조성비(단위: 원/㎡)

구분	공원	녹지	상수관로
국토교통부	93,000	78,000	(D100) 62,000
시장 단가	(LH) 135,000	82,000	(환경부) 102,960

자료: 국토교통부 고시 2022

공공 건축물 가액 산정 방법

「설치비용＝표준 건축비×건축 연면적[7)]」

● 표준 건축비: 국토교통부장관이 「수도권정비계획법」에 따라 도
시계획위원회 등 심의시점 직전에 고시한 표준 건축비
● 건축 연면적: 건축물의 「건축법」상 연면적

---

7) **연면적**(延面積, Gross floor area)은 대지에 들어선 건축물의 바닥면적을 모두
합한 것을 말한다. 즉, 토지 용도상 하나의 대지 위에 여러 건축물이 들어설 경
우도 있고 단일한 건축물이 있을 경우도 있다. 지상과 지하 건축공간을 전부
합산한다. 건축주 입장에서 건물을 짓는데 드는 제반비용의 기준이 되므로 편
의성 측면에서 연면적 개념을 많이 쓰고 있다.
이와 연관된 건축 용어로 용적률이 있다. **용적률**(容積率)은 전체 대지면적에 대
한 건물 연면적의 비율을 뜻하며 백분율로 표시한다. 이를 구하는 산정식은 다
음과 같다.
　　　　용적률＝(건물 연면적 ㎡/대지면적 ㎡)×100(%)
용적률을 건축규제에서 활용하는 이유로는 용적률이 높을수록 건축할 수 있는
연면적이 많아져 건축밀도가 높아지므로, 적정 주거환경을 보장하기 위하여 용
적률의 상한선을 지정하고 있다. 건폐율과 더불어 도시계획을 수립하는 데 기
본적인 고려사항이다. 용적률을 계산할 때 지하층, 지상층의 주차용 공간(건축
물의 부속용도인 경우에 해당), 주민공동시설, 초고층 건축물의 피난안전구역
은 포함시키지 않는다. 예를 들면, 지하층을 많이 지으면 연면적과 공사비는 증
가하나 용적률상 제약을 받지 않는다.
최근에는 특히 '주민공동시설'을 확대하여 건축물의 공공성을 증대할 경우 용적
률 인센티브를 부여하려는 지자체의 조례 개정이 활발하다. 방재안전, 경로당·
어린이집·어린이놀이터·작은도서관·주민운동시설 등 돌봄시설, 공공보행로,
열린 단지로 지역 개방, 인근지역민 공개공지(공원, 광장 등) 조성 등이 있다.

2022년도 표준 건축비(단위: 원/㎡)

구분	국토교통부 고시	시장 단가
단위 공사비	2,130,000	3,800,000

자료: 국토교통부 고시 제2021-1455호

④ 공공 기여 방식(국토계획법제52조의2)

공공기여의 형태와 내용

구분	부지(토지) 제공 (소유: 공공)	공공기여시설 제공 (소유: 공공)	공공시설 등 설치 비용 납부
형태	현물 기부(토지)	현물 기부(건축, 시설)	현금 기부
대상	• 구시가지 등 기반시설 부족지역 • 도로, 공원 등 토지 제공 • 지역 균형 발전을 위해 필요한 부지 • 기반시설 취약지역 필요 부지 등	• 도로, 공원 등 양호한 기반시설 보유지역 • 공공청사, 복지시설 등 공공기여 필요 건축물 • 광역적 공공성 확보를 위한 시설 • 생활 권역 내 소규모 공공기여 시설	• 공공시설 등의 설치를 목적으로 하는 비용의 현금 납부
방법	• 부지 가액 산정 - 공시지가 비율보정 - 민·관 감정평가	• 공공시설 가액 산정 - 표준조성비×시설면적 - 표준건축비×건축연면적	• 공공 기여량(비용) 산정에 따른 현금 이체
특성	• 공공시설 및 건축 부지가 없는 지역에 별도 부지를 매입하여 소유권 이전 • 본사업지 내 유휴지 있을 경우 • 지역주민의 요구시설을 우선 선정 후 적합 용도의 부지를 매입하여야 하므로 협의기간 장기화 가능성	• 공공시설 가액 산정기준인 표준조성비 적용 시점 이후의 실공사 착공시 금액의 상승 및 하자보수에 대한 책임 등 우려(재료비, 노임단가 등의 상승) • 지역주민의 요구시설 선정을 위한 공청회, 설문 등 의견수렴 과정 필요로 협의기간 장기화 가능성	• 민·관 감정평가에 따른 현시점의 토지가치 상승분에 부합한 공공기여량 산정으로 협상기간 단축 • 부지매입, 시설 및 건축공사 등의 리스크 부담 완화 • 역으로 공공에서는 기부받은 공공기여금에 대하여 사용계획을 수립해야 하는 부담

3 조성계획 단계

개발법령에 따라서, 관광지(단지)는 조성계획, 유원지는 실시계획, 지구단위계획, 개발행위허가 등이 이루어진다. 건축/토목 등의 기본설계와 각종 영향평가를 진행하여야 하는 단계로 인허가 행정절차의 대부분에 해당된다.

건축설계는 건축물의 배치도, 평면도, 입단면도 등 인허가를 위한 도서들이 작성되어야 한다. 토목설계는 각종 인프라(상하수도, 전기통신 등)와 부지조성에 대한 각종 도면들로 구성된다. 물론, 조성계획을 위한 상세 시공용설계(보통 실시설계라 한다)도 작성되어야 하나, 토목/건축 서류를 바탕으로 환경, 교통, 재해 등 각종 행정절차가 진행되고 각 영향평가에서 반영된 심의의견들을 피드백하여 도면수정 작업이 이루어지게 되므로 설계 및 행정절차의 진행과정을 보면서 실시설계를 준비하는 것이 통상적이다.

이 단계에서 진행되는 각종 영향평가와 심의에 대해서는 뒤에 별도의 장으로 자세히 다루도록 한다.

이전 기획단계나 도시군기본/관리계획입안 단계에서는 계획의 수정이 상대적으로 용이하나, 이 단계에서는 계획의 변경이 발생할 때, 행정처리 및 각종 영향평가 관련 변경이 연쇄적으로 생겨날 수 있어서 신중을 기해야 한다. 잦은 설계변경으로 인한 용역비 추가 요청 등 협력업체와의 조율도 번거롭다. 그러나, 가장 큰 리스크는 행정기관과의 협의에 필요한 소요기간이 추가되어 행정절차가 지연될 가능성이 높다는 점이다.

4 건축허가 단계

부지조성을 위한 실시계획승인과 개발행위허가를 받으면 토공은 진행할 수 있으나, 건축물 설치를 위해서는 별도로 건축허가를 득하여야 한다. 건축허가를 의제로 부지조성을 위한 개발행위허가를 동시에 받는 사례도 있지만, 사업의 성격상 대단위 토지의 부지조성 시점과 건축물 착공시점의 사이에 간격이 클 경우에는 부지조성을 하면서 다소 여유를 두고 건축허가를 받는 것이 나을 때가 많다. 골프장이나 대규모 리조트의 경우 부지공사를 위한 개발행위허가를 받아서 부지공사를 진행하면서 이후 건축허가를 득하여 건축공사를 진행하는 것이 전체 사업의 일정관리와 변경사항의 수정반영 등에서 유리한 경우가 많다.

5 시공 단계

이제 개발의 방향도 정해지고 설계도 끝났으며 인허가도 마쳤다. 실제 공간 속에 계획된 바를 만드는 과정이 남았다. 공사의 시작은 착공이라고 하고 마무리는 준공(완공)이라고 한다. 준공 시점에는 만든 사람들의 노고를 기념하기 위해 사업지 내 대표적인 건물 모퉁이에 머릿돌을 새겨 넣을 것이다. 이하에서는 공사의 순서에 따라 공사의 내용을 설명할 것이다.

본격적인 공사를 하기 전에 준비 과정이 있다. 앞서 실시설계 단계에는 시방서(specifications)와 견적서가 포함된다. 이때의 견적서는 설계 예가라고 통상 부른다. 설계상 자재를 투입하고 시공하게 되면 얼마 정도의 비용이 소요될지 집계한 예산서이다.

이에 근거하여 공종별로 시공을 맡을 업체를 선정하게 된다. 통상은 경쟁입찰로 공정성을 기해 진행하게 되지만, 일부 특수한 공종은 입찰(bidding) 없이 수의계약으로 진행할 수도 있다.

실제 시공할 업체를 선정할 때 최저가로 할지 중간 어느 제안가로 할지는 발주처(사업주)의 결정사항이다. 사전에 시공 용역 선정 기준을 공표하는 것이 좋다. 통상 설계 예가 대비 시공(공사) 제안가는 70~80% 수준으로 결정이 된다.

이제 단계별 공사 진행에 따라 공사참여업체가 선정이 되었다. 제일 먼저 하는 것이 공사 부지의 경계를 측량하여 표시하고, 이를 따라 가설 펜스를 두르는 것이다. 비산 먼지 등 환경오염을 저감하고 위험한 공사장 출입을 방지하려는 안전 이슈와 관련되어 있다.

이후 불필요한 지장물이나 폐기물이 사업 부지 내에 존치되어 있다면 우선 처리해야 한다. 또한 개발 내용과 무관한 건축물은 철거하게 된다. 공사의 편의성을 위해 임시도로도 개설해야 한다. 임도상 수목이 있다면 벌목하거나, 살릴 만한 가치가 있거나 보호대상일 경우 가식장에 이식해 둔다. 여기까지가 소위 말하는 본공사 전의 **사전 공사** 즉, 공사 **준비 단계**라고 할 수 있다.

공사물량 적산, 예상공사비 산출, 현장설명회, 입찰 등을 걸쳐 시공사를 선정하면 발주처와 시공사들의 현장 사무실이 개설된다. 시공으로 인한 소음, 진동, 비산먼지 등 주변 피해에 대한 각종의 민원을 대응하여야 한다. 사업자는 시공사가 공사중에 불필요한 민원이 발생하지 않도록 허가상 조건을 잘 지키도록 관리하여야 한다. 특히, 공사 중 민원은 시공사가 책임지는 것이 통상이지만 시공사의 대처가 매끄럽지 못하여 발주자인 사업자에게 부담이 가는 경우가 많으므로 유의

하여야 한다.[8]

본공사에서 제일 먼저 진행되는 공종은 **토목공사**이다. 상세 측량을 통해 계획도면에 따라 위치를 잡는 일부터 시작된다. 건물이 들어갈 자리, 도로가 위치할 자리 등 모든 구역의 경계를 정한다. 부지의 계획고(GL, ground level)에 따라 토공사를 진행한다. 어떤 흙은 반출(사토 死土), 어떤 곳은 흙을 더 부어야 하는 성토(盛土), 어느 곳은 땅을 깎아야 하는 절토(切土) 등 부지 이곳저곳의 흙들이 왔다 갔다 하게 된다. 안전상 급격한 경사면에는 옹벽 작업 등을 하게 된다.

토목공사는 다른 공사들의 길잡이 작업이기도 하다. 상하수도 라인, 전기 공급라인, 방송 음향 라인 등의 포설을 포함한다. 한동안 쉬었다가 완공에 다다른 시점에 도로포장 및 조경 마무리 공사로 토목공사는 종결된다.

이제 **건축공사**가 본격적으로 가능한 상황이 되었다. 건축공사는 터파기를 시작으로 건물기초공사, 구조물 공사, 각종 기계 전기 설비 공사, 인테리어 공사, 마감 공사를 포함한다. 통상 건축공사의 과정은 거푸집(형틀)을 제작하여 위치를 잡고 철근을 배근하고 나면 운반된 콘크리트를 붓는 타설, 구석구석 잘 채워지도록 하는 다짐, 표면처리 등의 마무리, 적정한 시간동안 건조해지지 않도록 하는 양생을 거치게 된다.

건축물이 다 조성되었을 때 만약 필요하다면 이 단계에서 '임시

---

8) 우리가 종종 보게 되는, 공사 진입로를 중장비로 막고 머리띠와 피켓으로 시위하고 도로에 드러눕는 장면들은 이때부터 시작된다. 마을회와 합의되었어도 추가적인 개별 보상을 바라거나 공사 참여가 불발된 상황에서 마지막 기회라도 살려보고자 강경한 시위를 하는 것이다. 수용되지 않으면 행정기관에 항의 방문하고 민원을 넣기도 하고, 언론과 환경단체와 연대하여 감시 및 고발조치도 하며 심지어 공사 중단 가처분 신청을 법원에 하기도 한다.

사용승인'을 받아 일부 영업하거나 사용을 할 수 있다. 서두를 것이 없다면 뒤이은 조경공사 마무리 후에 '건축물 사용승인'을 받고 '영업 개시신고'를 하면 법적으로 사실상 공사는 끝난 셈이다.

토목공사와 건축공사로 바닥과 상부가 정리되고 나면 공간의 틈새를 정리하는 작업만이 남았다. 전체 공종(工種) 중에 마지막이요 공간을 아름답게 마무리 짓는 **조경공사**이다. 특히 조경 공사는 오픈 시점에는 기대했던 환경연출에 미흡할 수밖에 없다. 수목도 수령이 충분하지 않고, 이식한 수목들은 고사가 발생하고, 부지 전반에 녹지 형성이 미흡하기 때문이다. 오픈 후에도 지속적인 관리가 필요한 공종이라고 할 수 있다.

특히, 시공상 잘못으로 인하여 준공허가에 차질이 생기지 않도록 해야 한다. 시공과정에서 현장의 부주의로 흔히 발생하는 실수 중에는 보존녹지를 훼손하는 경우나 산지복구계획과 상이하게 공사되는 경우도 있으며, 간혹 드물게는 건축물의 배치가 잘못되어 부지 경계선을 넘는 대형사고(?)가 생기는 경우가 있다. 사업자는 수시로 현장 진행 상황을 체크하고, 준공허가 신청 전에 실제 공사 현황과 인허가 상황을 반드시 비교점검하여, 허가내용과 상이한 부분을 사전에 조치함으로써 준공에 차질이 없도록 관리하여야 한다.

6 운영 준비

공사 진행 중에 프로젝트 팀에서 챙겨야 할 것은 운영인력을 분야별로 단계적으로 채용하는 일이다. 그리고 해야 할 역할과 책임을 정의하여 담당부서와 담당자들에게 배정하는 업무분장(R & R, Roles & Responsibilities)을 하도록 한다.

담당 부서마다 리조트 전체의 이념과 철학을 준수하면서, 실제 운영 단계에서 어떻게 해야 할지를 상세하게 사전에 시뮬레이션[9]하고, 혼란 없이 업무처리를 할 수 있도록 분장업무에 대한 상세한 매뉴얼(manual)을 작성해야 한다. 특히, 중요하고 신속한 결정을 요하는 업무에 대하여는 표준운영절차(SOP, Standard Operating Process)를 추가하여, 어느 누가 담당 업무를 맡더라도 명확하게 동일 업무의 원하는 결과를 얻을 수 있도록 준비하도록 한다.

7 사용허가(준공) 및 영업허가

충분한 시운전(시험 운영)과 현장점검[10]을 통하여, 마지막으로 하자를 보완조치하도록 한다. 시공업체에 하자에 대한 재시공 및 수리 조치를 요구할 날이 얼마 남지 않았다.

마무리 되면 건축물 등 시설물의 사용허가를 받도록 한다. 또한 각 개별 시설들마다 필요한 영업신고/허가를 득한다. 이로써 합법적으로 영업을 개시할 수 있는 준비가 끝났다.

---

9) 이러한 업무 상세 기술 과정을 WBS(작업 세분화 구조, Work Breakdown Structure)라고 한다. 생물을 계문강문과속종으로 세분화하여 분류하듯이 업무를 그렇게 분류해 가는 방법을 의미한다.

10) 현장점검을 위해 설계도면과 기계 성능부 등을 토대로 사전에 작성된 점검 리스트를 준비해 두도록 한다. Check List 혹은 Punch List라고 칭한다.

8 │ 소프트 오픈

이제 공사도 끝나고 운영할 준비도 마무리 되었다. 법적인 준공 허가와 영업허가도 냈다. 관광시설을 공식 오픈하기 전에 운영의 미숙함과 시설적 미비점도 개선하고 싶다면, 목표 티켓 가격 대비 낮은 수준 혹은 무료 초대 손님들로 일정 기간을 정하여 비공식 개장 운영도 고려할 만한 하다. 이때 손님들의 실제 이용 반응도 살펴보고, 운영상 점검 포인트도 확인할 수 있는 장점이 있다.

이 시기에 마케팅 전략상 유명 예능 프로그램을 섭외하여 간접 광고(PPL)를 해 보는 것도 좋다. 물론 공사가 마무리 되어 가는 시점에 광고물을 촬영하여 TV매체, 온라인, 신문지면 등에 광고 홍보를 집중적으로 하는 것은 두말할 필요도 없이 해야 할 일이다. 오픈했는데 손님들이 몰라서 안 오는 상황은 상상도 할 수 없는 비극이다.

9 │ 그랜드 오픈

정식으로 영업을 개시하는 날짜로 오픈 세레모니를 통상 준비한다. 정치 관계자, 고위 공무원, 언론사, 유명 관계자들을 초대하여 성공적인 개원을 축하하는 행사를 한 연후에, 신호와 함께 대기하고 있던 방문손님들이 일제히 시설에 입장하게 된다.

항상 아쉬웠던 세레모니의 식순으로는 오너, 그리고 VIP들 중심의 행사라는 점이다. 프로젝트 매니저들, 핵심 디자이너들, 공사를 담당했던 엔지니어들, 그리고 세부 설계와 시공을 도맡은 업체 관계자들에게 큰 격려와 축하를 하는 모습은 아직 제대로 본 적이 없다. 이들은 그것 하나 바라보고 여태껏 일해 왔지 않은가!

이제 그랜드 오픈은 했고, 앞으로 계획대로 운영하여 좋은 서비스와 감동으로 찾아오신 손님들이 기뻐하고 행복해 할 일만 남은 셈이다.

03 / 각종 영향평가

사업자는 내부적으로 공종별 설계를 상세화해 가면서, 각종 인허가의 진행을 챙겨야 한다. 심의 및 영향성 평가에는 도면 제출뿐만 아니라, 계획하고 있는 개발 컨셉과 방향성에 대한 논리적이고 체계적인 설명들이 포함된다. 이렇게 계획을 세운 이유는 무엇인지, 소극적으로는 법적 기준을 충족하고 적극적으로는 더 개선하기 위해 어떤 방식으로 해결할 것인지와 같은 확인요청사항에 대하여 답을 제시하여야 한다.

인허가 단계별로 법적 의무사항으로 제출해야 할 도서들의 작성을 위해, 토지측량(경계, 부지), 지질 조사, 사전환경영향조사 등을 미리 해두어야 한다. 특히 환경영향성평가의 경우 사업부지와 주변 관련한 여러 환경적 요소들에 대하여 사전에 충분한 기간을 거쳐 조사 결과를 제시해야 하므로 잊지 않고 미리 챙겨야 한다.

개발행위마다 엄격하게 보는 심의들이 다르고, 그 순서에 대하여도 다를 수 있다. 인허가 승인권을 가지고 있는 해당 지방자치단체의 유관부서와 사전에 협의를 거쳐, 인허가 절차의 가이드라인을 잡아두는 것이 좋다.

인허가와 관련하여서는 해당 지자체와 오랫동안 일을 해 온, 현지 인허가 대행 용역사를 쓰는 경우가 많다. 아무래도 지자체의 업무

174

처리 방식과 주안점 등을 잘 이해하고, 보완 사항에 대하여 대처가 용이하기 때문이다. 일부 지역은 불가피하게 지역 인허가 용역업체를 쓰는 것이 불문율인 곳도 많은데, 심의위원들이 대표로 있는 용역업체의 경우 영향력이 상당해서 업체 선정에 신중을 기하도록 한다.

이하에서는 통상의 대규모 개발행위에 대한 인허가 절차에 대하여 설명을 이어가고자 한다.

1 경관심의[근거 법령: 경관법]

경관법에는 "국토의 경관을 체계적으로 관리하기 위하여, 경관의 보전·관리 및 형성에 필요한 사항을 정함으로써, 아름답고 쾌적하며 지역특성이 나타나는 국토환경과 지역환경을 조성하는 데 이바지함을 목적으로 한다"고 되어 있다.

경관심의 대상은 개발사업·건축물의 종류와 규모에 따라서 정해지며 국토부의 경관심의 운영지침, 각 지자체의 조례에 따라서 경관심의에 대한 기준이나 경관심의 가이드라인을 정하는 곳도 있다.

경관심의는 환경, 교통 등 다른 평가나 심의에 비하면 그 도입시기가 늦은 심의이나, 사업자에게 매우 크게 영향을 미치는 심의로 자리잡아 가고 있다.

경관심의 체크리스트를 일부만 보더라도 매우 포괄적인 사항들을 다루고 있음을 알 수 있다. 개발사업의 경우에는 경관별 장소성·조화성 확보, 토지이용, 지형지세, 주변 지역의 스카이라인, 가로체계, 건축물의 배치, 형태, 규모, 야간경관 등을 다룬다. 건축물의 경우에는 건축선, 스카이라인, 형태, 입면, 색채, 조명(조도·휘도·색채) 등을 검토한다. 그야 말로 경관심의에서는 도시계획, 단지계획, 토목, 건축계획, 환경 등 언급하지 않는 분야가 없다고 할 정도로 시설계획 전반에 대하여 광범위한 심의의견을 붙일 수 있다. 구성된 심의위원들의 전공분야도 다양하여, 심의과정에서 나오는 보완조치 의견을 반영하고 조정하는 데 큰 어려움이 있는 것이 실상이다.

경관법에서는 경관심의위원회의 심의기준을 환경성 검토와 중복되지 않도록 한다고 규정하고, 경관심의지침에는 사업의 계획은 경관심의 이후 단계에서 이루어지는 도시계획위원회 심의, 건축위원회 심의, 환경영향평가 등을 통해 조정될 수 있다고 명시되어 있다. 그러나, 선행 심의에서 붙은 조건을 후속 심의에서 변경하기 또한 난해한 문제라 사업자에게는 큰 부담으로 작용할 수밖에 없다.

경관심의 이후 후속 심의나 평가에 대한 혼란과 중복을 막기 위한 좀 더 명확한 운영지침이 시급한 상황이라 하겠다.

2 환경영향평가[근거법령: 환경영향평가법]

환경영향평가법에서는 "환경에 영향을 미치는 계획 또는 사업을 수립·시행할 때에, 해당 계획과 사업이 환경에 미치는 영향을 미리 예측·평가하고 환경보전방안 등을 마련하도록 하여, 친환경적이고 지속가능한 발전(Environmentally Sound and Sustainable Development, ESSD)과 건강하고 쾌적한 국민생활을 도모함을 목적으로 한다"고 명시하고 있다.

사업의 종류와 성격, 규모에 따라서 전략환경영향평가, 환경영향평가, 소규모 환경영향평가로 구분되며 평가의 종류와 대상에 따라

평가항목을 정하여 조사하고 평가한다.

주요한 평가항목을 몇 가지 들어보면 대기환경(기상, 대기질), 수질, 토지환경(토지이용, 토양, 지형지질), 동식물상, 소음, 진동, 경관 등 여러 가지 항목을 선정하여 지표를 설정하고 수치화하여 평가를 진행한다. 환경영향평가 대상인 경우에는, 4계절 관찰과 측정으로 환경 데이터를 수집하여 분석하고, 보고서를 작성하면 초안, 본안을 거쳐 평가를 마무리하고, 평가결과에 따라서 환경저감방안을 마련하여 개발사업시 적용하도록 되어 있다.

환경영향평가 진행시에는 주민의견을 들어야 하므로 설명회나 공청회를 개최하게 되어 있다.

환경의 변화에 대하여 지역 사회와 주민들이 받을 영향을 고려해야 한다는 시행취지는 타당하다. 하지만, 가장 복잡한 이해관계와 첨예한 갈등을 내포하고 있는 심의절차이기도 하다.

환경단체, 지역 언론, 심의기관, 사업자 간에 이견이 있을 가능성이 매우 크고 그 해결점 모색도 쉽지 않은 단계이기도 하다. 개발과 성장, 보존과 유지라는 이념적 갈등을 항상 내포하고 있기 때문이다. 지연에 따른 사업의 비용이 막대해지고, 수익성이 악화되는 사업자의 고충과 어디까지 환경을 보존할지 그 범위에 대한 합리성을 찾기가 쉽지 않다. 행정기관은 통상 사업자에게 해결책을 모색하라고 하고 능동적으로 나서서 챙기지 않는 편이다.

누구에게는 그 부지에 사는 무슨 식물, 무슨 곤충, 무슨 동물이 중요하다. 또 다른 누구에게는 마을 인근에 테마파크와 리조트가 생겨나면 환경적 변화는 충분히 수용 가능하다고 보고 마을 주민들의 형편이 나아지고 일자리가 늘어날 것을 더 주목한다. 다른 인허가 심의 절차는 다분히 전문적이고 객관적인 평가가 가능하나, 환경영향평가는 평가항목의 객관적 수치가 제시되어 평가된다고 하더라도, 결국 주관적인 가치와의 갈등 속에서 방향성이 모호하게 흐를 가능성이 다분하다. 환경영향평가는 평가측정과 초안보고서 작성에만 1년여의 시간이 들지만, 이후 주민의견 청취과정에서 얼마나 시간이 소요될지 장담하기 어려워 사업자들이 가장 부담스러워 하는 행정절차이기도 하다.

특히, 멸종위기 동식물은 환경단체에서 관여하는 경우 계속 이슈화될 사항이다. 사업자체를 무산하게 할 수도 있는 좀처럼 끝나지 않는 논쟁에 휘말릴 가능성이 높다. 신뢰할 만한 조사단체나 용역업체에 의뢰하여, 정기적으로 생태계 및 환경 조사를 통해 사업지 현황 데이터를 확보하고, 서식지 보전 혹은 이전 조치가 필요한 경우 미리 대안을 마련해 두어야 한다. 이 과정에 '무조건 보전'이라는 입장과는 협의점을 찾기 어렵지만, 관여한 환경단체들과도 내용을 공유하고 대안을 같이 모색하려는 노력이 요구된다. 심지어는 조사기관의 조사내용도 불신하는 경우가 비일비재하므로 철저한 대비가 필요하다.

1) 생태자연도 등급제

이와 관련하여 환경부에서 정기적으로 전국토를 대상으로 생태자연도를 조사하여 등급을 부여하고 있다. 리조트 대상부지는 자연환경이 우수한 지역을 포함하는 경우가 대부분이므로, 사전에 생태자연도 등급을 잘 살펴보아야 한다. 1등급일 경우 개발 자체가 불가하다는 의견을 환경청으로부터 받게 되는데 지자체도 이를 거슬려 해당부지의 개발 인허가를 내 줄 수 없게 된다. 2등급지는 제한적인 개발이 가능하고, 3등급지 이하는 비교적 개발 대상부지로 협의가 용이하다.

생태자연도 1등급지에 해당될 경우, 보전·관리 대상지역으로서, 유관 기관 및 관계 법령에 따라 아래와 같은 법정 보호를 받게 된다.

	관계법령	보호지역 유형	주무기관
환경부	자연공원법	국립공원	환경부
		도립공원	지자체
		군립공원	지자체
	야생생물 보호 및 관리에 관한 법률	야생생물특별보호구역	환경부
		야생생물보호구역	지자체
	독도 등 도서지역의 생태계보전에 관한 특별법	특정도서	환경부
	자연환경보전법	생태·경관보전지역	환경부
		시·도생태·경관보전지역	지자체
	습지보전법	습지보호지역	환경부 해수부 지자체
	자연공원법	국가지질공원	국립공원관리공단 환경부
해수부	해양생태계의 보전 및 관리에 관한 법률	해양(생태계)보호구역	해수부
	해양환경관리법	환경보전해역	해수부
문화재청	문화재보호법	천연보호구역	문화재청
		천연기념물	
		명승	
산림청	백두대간 보호에 관한 법률	백두대간 보호지역	산림청 (환경부 협의)
	산림보호법	산림보호구역	지방산림청, 지자체

1등급지가 개발을 요하는 제척불가한 부지라면, 사업 자체를 중단하든지 아니면 −매우 어렵긴 하나− 등급 하향 조정을 위한 행정 절차를 이행하도록 한다. 그렇지 않다면 사업 계획 수립시 제척하는 것으로 개발 방향을 정리해야 할 것이다. 사업 초기에 이를 잘 검토하여 토지 매입에서도 제외하면 좋을 것이나, 필지가 분리되기 어려울 경우도 있어 불가피하게 매입하여야 하는 경우도 있을 것이다.

생태자연도는 식물상, 지질 및 지형적 가치, 동물상 등 종합적인 내용을 포함한다. 등급 평가를 위해 사업자 혹은 해당 인허가 관청에서 사전 조사를 진행하고 해당 지방 환경청과 협의를 하여 세부 등급을 확정한다. 등급 조정 요청에 대하여는, 환경청에서 현장실사를 통해 의견서와 더불어 결과 고시를 하게 된다.

먼저 **식물상** 관련하여는 조경 전공 조사자들이 대상 부지를 도보로 이동하면서 식생의 가치를 평가한다. 특히 우리나라에 널리 식생하고 있는 활엽수림의 경우 그 수령(樹齡)이 50년 넘을 경우[1]가 많은데, 이 경우 생태자연도의 1등급에 해당되므로 개발이 불가하고 제한적인 용도로만 활용 가능하므로 유의한다.

현장조사 결과 훼손이 심하여 보존가치가 없다고 판단되면, 근거자료를 충실히 준비하여 등급 하향 조정 요청을 할 수 있을 것이다.

다음으로 **동물상** 관련하여서는 멸종위기 동물, 천연기념물 등의 등급에 따라 생태자연도를 지정하게 된다. 단순히 1종 발견되었다고 1등급지로 결정되는 것은 아니며, 1급 종을 포함하여 얼마의 다른 종이 발견되었는지 그리고 빈도가 어느 정도 되는지 등 종합적인 판단에 의해 결정된다. 특히 조류의 경우 그 범위가 넓어 세밀한 조사 결과를 통해 등급 조정 협의되고, 포유류의 경우 주로 현장 배설물로 판단하게 되는데 서식지인지 단순 경유지인지에 따라 등급 조정 협의에 유불리가 있다.

조류의 경우는 조류 센서스 조사를 통해 전국 단위로 생자도 등급이 정해져 있다. 조류는 서식환경에 민감하여 철새의 경우 도래지가 일정하다가도 변경되는 경우도 종종 있다. 만약 리조트 개발 부지에 영향을 줄 경우, 현장 조사(12월 중순 ~ 2월 말)를 통해 획일적이고 광범위한 구역 지정에 대한 불합리성을 제시할 수 있다면, 등급 조정

---

1) 현장 용어로 '5영급'이라는 표현을 사용하기도 한다.

식생보전등급별 해설표

A	B	C	기준: A 생태자연도 / B 식생보전등급 / C식생자연도
1	I	10	• 식생천이의 종국적 단계에 이른 극상림 또는 그와 유사한 자연림 - 평균수령이 50년 이상된 삼림식생(난온대상록활엽수림, 낙엽활엽수림) - 아고산대 침엽수림(분비나무군락, 구상나무군락, 주목군락 등) - 산지 계곡림(고로쇠나무군락, 층층나무군락 등), 하반림(오리나무군락, 비술나무군락 등), 너도밤나무군락 등의 낙엽활엽수림
		9	• 삼림식생이외의 특수한 곳에 형성된 자연성 우수식생이나 특이식생 - 해안사구, 단애지, 자연호소, 하천습지, 습원, 염습지, 고산황원, 석회암지대, 아고산초원, 자연암벽 등에 형성된 식생. 다만, 이와 같은 식생유형은 조사자에 의해 규모가 크고 절대보전가치가 있을 경우에만 지형도에 표시하고, 보고서에 기재 사유를 상세히 기술하여야 함
	II	8	• 자연식생이 교란된 후 2차 천이에 의해 다시 자연식생에 가까울 정도로 거의 회복된 상태의 삼림식생 - 군락의 계층구조가 안정되어 있고, 종조성의 대부분이 해당지역의 잠재자연식생을 반영하고 있음
		7	- 난·온대 상록활엽수림(동백나무군락, 구실잣밤나무-당단풍군락, 졸참나무군락, 서어나무군락 등의 낙엽활엽수림)
2	III	6	• 자연식생이 교란된 후 2차 천이의 진행에 의하여 회복단계에 들어섰거나 인간에 의한 교란이 지속되고 있는 삼림식생 - 군락의 계층구조가 불안정하고, 종조성의 대부분이 해당지역의 잠재자연식생을 충분히 반영하지 못함
		5	
		4	- 조림기원 식생이지만 방치되어 자연림과 구별이 어려울 정도로 회복된 경우 • 산지대에 형성된 2차 관목림이나 2차 초원
	IV	3	• 인위적으로 조림된 식재림 * 식재림은 인위적으로 조림된 수종 또는 자연적(2차림)으로 형성되었다 하더라도 아까시나무 등의 조림기원 도입종이나 개량종에 의해 식피율이 70% 이상인 식물군락으로 한다. 다만, 녹화목적으로 적지적수(適地適樹)가 식재된 경우에는 식재림으로 보지 않는다.
		2	
3	V	1	• 2차적으로 형성된 키가 큰 초원식생(묵밭이나 훼손지 등의 억새군락이나 기타 잡초군락 등) • 2차적으로 형성된 키가 낮은 초원식생(골프장, 공원묘지, 목장 등)
		0	• 과수원이나 유실수 재배지역 및 묘포장 • 논, 밭 등의 경작지 • 비교적 녹지가 많은 주택지(녹피율 60% 이상)

1. 환경부훈령 제1161호(2015. 7.17.) – 자연환경조사 방법 및 등급분류기준 등에 관한 규정
2. 환경부예규 제684호(2021. 3.18.) – 생태·자연도 작성지침(제12조~제15조)
3. 제4차 전국자연환경조사 지침, 환경부·국립환경과학원 2012

좌: 수달(멸종위기 1급 동물), 우: 수달의 분변

의 여지는 있다.

포유류의 경우, 문헌조사를 참고하되 현장에서 도보로 이동하면서 현장에 남아 있는 흔적(배설물, 족적, 털, 굴, 흙더미, 음식물 은닉처, 나뭇가지 더미, 부빈 흔적 등)을 세세하게 조사하여, 어떤 종이 어떤 목적으로 장소를 이용하고 있는지 조사보고서를 작성한다.

예를 들면, 수달의 경우 물가의 양지 바른 바위 위에 분변을 누게 되는데, 물고기와 해초를 섭취하므로 분변에서 소화가 덜 되는 물고기 가시와 비늘 그리고 해초들로 구성되어 있다. 생태 전문가들과 함께 현장 답사를 통해 개발부지의 상황을 파악하여, 적절한 해결방안을 검토하도록 한다.

이외에도 어류, 양서류, 파충류, 곤충류 등도 포함하여 조사하는데 활발하게 활동하는 봄~가을철에 진행하게 된다. 따라서 겨울철 철새를 포함하면 사계절에 걸쳐 조사를 하여야 하므로 최소한 1년이 소요됨을 감안하여 미리 준비할 필요가 있다.

생태자연도 1등급 권역이었으나 '야생동물 보호구역'으로 지정 변경되면 근거법과 관할기관이 다르게 된다. 행위 제한도 지방자치단체의 조례도 규정하게 되어 있어, 중앙행정기관인 환경부의 개발 불허 입장에서 지자체의 필요에 의한 제한적인 규제 완화의 가능성이

야생동물 보호구역과 생태자연도 권역 비교표

분류	야생생물 보호구역	생태자연도 1등급 권역
근거 법령	야생생물 보호 및 관리에 관한 법률 제33조 *특별보호구역(제27조)이 존재하고, 그 에 준하여 보호할 필요가 있는 지역	자연환경보전법 제34조
관할	지방자치단체	환경부·국립생태원,(지방자치단체)
지정 기준	멸종위기 야생생물의 집단서식지, 번 식지 멸종위기 야생생물의 집단도래지 *법 제27조 제1항, 시행규칙 제34조 제1항	식생(식생보전등급), 멸종위기 야생 생물 서식 여부, 습지(철새 도래지, 멸종위기 야생생물 서식) 해당 여부, 지형특성(지형보전등급) 등을 고려하 여 분류됨
지정 절차	현장기초조사 - 구획안작성 - 지정계 획서 작성 - 공람 및 주민의견수렴- 관계기관(환경부) 협의 - 보호구역 지 정 고시(해당지역 조례)	자연환경조사(법 제30조, 제31조) - 생태자연도 작성 - 열람(14일 이상)- 관계기관 통보, 고시
행위 제한	• 조례를 통해 행위제한 규정 가능 • 보호구역에서 이용·개발 등에 관한 인허가를 하려면, 소관 행정기관 장 은 보호구역 관할 지자체장과 사전 협의 필요(법 제34조)	• 별도 행위제한은 없음 • (도시지역) 국가지자체는 훼손 방 지 노력의무 부담 • (일반) 계획수립, 개발사업 협의 시 "자연환경의 보전 및 복원"이라는 기준 고려 필요 → 사실상 개발행 위 불허
양자간 관계	• 야생생물 보호구역은 자연환경보전법상 생태자연도 1등급 권역이 아닌, 별도관리지역에 해당(행위제한X) • 그 외 지역 중 멸종위기 야생동물 I, II 급이 서식하거나 생태통로로 이용 하는 지역, 수종의 멸종위기 야생동물이 서식하는 지역 중 야생생물 보호 구역이 아닌 지역은 생태자연도 1등급 권역에 해당 • 야생생물 보호구역 역시 자연환경법 적용대상, 동법상 상호 유사취급	

생긴다. 그렇더라도 이는 어디까지나 아주 제한적인 개발행위 허용만
이 가능할 것이며 근거법령의 취지를 벗어날 수 없다고 할 것이다.

2) 유네스코 생물권 보전지역

유네스코에서는 생물권 보전지역 개념을 통해 인간과 자연의 안
녕을 증진하기 위한 도구로서, 자연보전의 단순 동의어가 아닌 자연

과 인간이 조화롭게 공존하도록 생물다양성 보전과 지역사회 발전을 추구하고자 하고 있다. 이러한 개념은 앞서 언급한 우리나라 자연환경보전법의 생태자연도와 그 맥락을 같이 하고 있다. 인간과 생물권 프로그램(MAB, Man and Biosphere programme)으로 2024년 3월 현재 기준으로 국내에는 9개 지역이 지정되어 유네스코 한국지부에 의해 관리되고 있다.

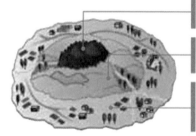

① 핵심구역core area

엄격히 보호되는 하나 또는 여러 개 지역으로 생물 다양성의 보전과 간섭을 최소화한 생태계 모니터링, 파괴적이지 않는 조사연구, 영향이 작은 이용(예: 교육) 등의 행위를 할 수 있다.

② 완충구역buffer area

핵심지역을 둘러싸고 있거나 이에 인접해 있는 구역이다. 환경교육, 레크리에이션, 생태관광, 기초연구 및 응용연구 등의 건전한 생태적 활동에 한하여 이용된다.

③ 협력구역Transition Area

다양한 농업활동, 주거지, 기타 다른 용도로 이용된다. 지역의 자원을 함께 관리하고 지속가능한 방식으로 개발하기 위해 지역사회, 관리당국, 학자, 비정부단체(NGO), 문화단체, 경제적 이해집단과 기타 이해당사자들이 함께 일하는 곳이다.

핵심구역은 우리나라 제도상 생태자연도 1등급지, 완충구역은 생태자연도 2등급지, 협력구역은 생태자연도 3등급지로 이해될 수 있다. 만약 사업부지 내 생태자연도 이슈가 있을 시에는, 현재 환경부에서 적극적으로 연대하고 있는 유네스코 MAB 프로그램을 적극 활용하여, 적절한 개발계획을 수립하고 협의 및 조정하여 가도록 한다. 환경 관련 협의시 무조건 개발은 성사되기 어려우며, 구역을 정리하여 내줄 것은 주고 챙길 것은 챙기는 협상(Trade off) 논리를 준비할 필요가 있다. 이를 위해 유네스코 생물권 보전지역 관련 내용을 소개한 것으로 이해하기 바란다.

3 교통영향평가[근거 법령: 도시교통정비 촉진법]

관계 법령에서는 "교통시설의 정비를 촉진하고, 교통수단과 교통체계를 효율적이고 환경 친화적으로 운영·관리하여, 도시교통의 원활한 소통과 교통편의 증진에 이바지함을 목적으로 한다"고 되어 있다.

교통영향평가는 대상지역(도시교통정비지역, 교통권역), 사업 종류, 규모 등에 따라서 평가를 진행하게 되어 있다. 개발사업의 경우 예를 들어 유원지는 부지면적 15만㎡ 이상, 관광지 및 관광단지는 시설면적 5만㎡ 이상 또는 부지면적 50만㎡ 이상일 경우, 교통권역으로 다소 무거운 심의를 받게 된다. 단일용도 건축물의 경우에도 도시교통정비지역/교통권역에 따라서 대상시설의 규모를 정해 두고 있는데,

숙박시설은 교통정비지역에는 건축연면적 4만㎡ 이상, 교통권역은 6만㎡ 이상인 경우가 그러하다.

때로는 교통혼잡의 원인이 된다고 평가를 받게 될 경우, 사업자에게 교통유발부담금을 징수할 수도 있다.

실무 경험상 느낀 부분을 잠깐 소개하자면, 여타 다른 평가보다도 엔지니어링 성격이 좀 더 강하기는 하나, 심의라는 한계가 있기에 정량적인 수치에 정성적인 평가도 병행된다. 예를 들어서 리조트 교통영향평가시 건축법상 설계된 시설규모에 맞게 객실당 주차대수를 충족하였다고 하더라도, 여기에 1.3~1.5배의 주차대수를 확보하라는 식으로 심의통과 조건이 붙을 수 있다. 건축계획시 예상한 것을 크게 상회하는 주차대수나 동선변경, 도로 확충 등의 조건이 붙으면 관련 설계를 대폭 수정하고, 추가 공사비를 부담해야 하는 일이 발생하기도 한다.

4 재해영향평가[근거 법령: 자연재해대책법]

관계 법령에서는 "태풍, 홍수 등 자연현상으로 인한 재난으로부터 국토를 보존하고 국민의 생명·신체 및 재산과 주요 기간시설을 보호하기 위하여, 자연재해의 예방·복구 및 그 밖의 대책에 관하여 필요한 사항을 규정함을 목적으로 한다"고 되어 있다.

개발을 위한 행정계획 수립·확정 전이나 개발사업의 허가·인가·승인·면허·결정·지정 전에 사전재해영향성 검토협의를 받도록 규정되었던 것이, 2018.10.25.에 개정된 법령에 따라 '재해영향성검토'와 '재해영향평가'로 구분되었다.

어찌되었든 간에 그 취지는 자연재해에 영향을 미치는 각종 행정계획 및 개발사업으로 인한 재해 유발 요인을 예측·분석하고 이에 대한 대책을 마련하는 것을 목적으로 하고 있다. 개발계획수립 초기 단계에서 재해영향성에 대한 검토 절차를 거치도록 하여, 개발로 인한 재해를 미연에 예방하려는 취지이다.

재해 요인을 분석하고, 이를 해결할 수 있는 재해저감시설을 설치하여야 한다. 저류지가 사업지 내부에 필요할 경우는 사업부지 내 가용부지의 축소가 고려되어야 한다. 인근 하천 방류시 접속 우수관로의 조성비용도 검토되어야 한다. 최근에는 지구온난화로 인한 이상기후의 빈도가 높다고 판단하여, 재해 가능성의 빈도를 50년에서 100년으로 상향 조정하는 추세이므로, 가용부지의 축소와 고기능 설비 조성에 따른 사업비 증가를 감안해야 한다.

5 문화재[근거 법령: 문화재보호법]

관계 법령에서는 "문화유산을 보존하여 민족문화를 계승하고, 이를 활용할 수 있도록 함으로써 국민의 문화적 향상을 도모함과 아울러 인류문화의 발전에 기여함을 목적으로 한다"고 되어 있다.

법령명이나 목적을 보아 짐작하겠지만, 문화재라는 특성상 '보존'이라는 부분에 강조점이 있음을 알 수 있다. 문화재의 종류가 인류가 만들어 낸 유무형의 인공적인 문화재도 있지만, 자연환경을 보호의 대상으로 삼은 경우도 있다.

'문화재현상변경허가'란 행정절차를 통하여 개발허가를 받아야하지만, 문화재보호구역으로 지정된 곳은 개발이 지극히 제한적일 수밖에 없다.

개발업무를 진행할 때 환경청, 산림청, 문화재청에 관계된 사업들은 그 시작부터 쉽지 않을 것이라 각오하고 있어야 한다. 종종 우스갯소리로 "앞의 3곳 행정청 모두에 관계된 사업은 애초에 손대지 말라"고 얘기하곤 한다. 개인적으로는 그 중에 최고 난이도로는 문화재청이 으뜸이지 싶다.

공사 중에 '문화재로 의심되는 물건이 나와서 공사가 중지되었다. 유물이 출토되어 발굴조사로 사업이 무기한 연기되었다'는 얘기를 심심치 않게 들었을 것이다. 사업착수 전에 문화재조사를 실시하여 문헌, 현장조사를 통하여 문화재가 출토될 지역이 아니라고 판단되어 공사를 착수하더라도, 유물이나 유물로 의심되는 것이 나오면 사업진행에 차질이 생기는 것은 불가피한 실정이다. 이런 점을 악용하여 사업부지에 고의로 유물로 의심받을 만한 물건을 흘려서 이슈화하고, 사익을 취하려고 했던 사례를 경험한 적도 있다. 다분히 의도적인 것이라고 의심은 들지만 적법하게 처리하여야 하므로, 사업자 입장에서는 조심스러워 할 수밖에 없다.

다른 경우로 문화재로 지정된 것이 자연물인 '명승'으로 지정된 곳에서의 개발행위로, 유명한 건물이나 자연지형(산악, 협곡, 해협, 폭포, 온천지 등), 동식물 서식지가 보호구역으로 지정된 경우이다. 고정되어 움직이지 않는 곳은 그나마 시설계획을 통해 해결점을 모색하겠지만, 움직이는 동물의 경우에는 어려운 상황이 벌어질 수 있다.

어느 해안가에 인접한 일단의 사업부지를 선정하여 개발검토를 진행한 사례가 있었는데, 대상부지에 접하여 이미 항구와 항구 관련 기반시설물이 설치된 곳이라 개발에 큰 문제가 없을 것이라 생각했었다. 하지만 '저어새'란 조류가 근처에 서식한다고 해서, 개발을 위한 '현상변경허가'가 어렵다는 문화재청의 의견 때문에 사업진행이 답보상태에 놓인 경우가 있었다. 현장을 직접 확인하고 주변에 탐문해 본 바로도 해당 조류가 대상부지로 오는 경우가 거의 없었다. 그러나 문화재청에서 한 번 설정한 구역의 제한사항을 풀기 힘들어, 관광사업을 유치하고자 무던히 노력했던 지자체에서도 난감해 했던 일이 있다.

6 도시계획[근거 법령: 국토의계획및이용에관한법률(국계법)]

관계 법령에서는 "국토의 이용·개발과 보전을 위한 계획의 수립 및 집행 등에 필요한 사항을 정하여, 공공복리를 증진시키고 국민의 삶의 질을 향상시키는 것을 목적으로 한다"고 명시하고 있다.

부동산을 기반으로 하는 토지 개발을 위해서는 가장 기본이면서도 근간이 되는 법령이라 하겠다. 사업부지를 설정하여 개발이 가능하도록 하기 위해서는 본 법령에 정한 절차를 이해해야 한다. 다른 계획이나 평가, 심의는 행정계획적 측면이 강한 반면, 이 법은 행정계획을 포함한 실행법령이라 해도 무방하다.

규모에 상관없이 모든 토지는 국계법에 따라 그 토지에서 개발이 가능한 사업종류 등이 이미 정해져 있다. 만약에 목적하는 사업종류와 부합하지 않을 경우에는, 합당하도록 용도지역의 변경이 필요하다. 이를 위해서는 상위계획인 도시기본계획/도시관리계획의 변경 후, 여기에 맞도록 도시군계획시설이나 지구단위계획이 수립·입안되어야 한다. 이후에 개발행위허가를 거쳐 토지에 실질적으로 목적사업시설을 설치할 수 있다.

용도지역을 변경하여 지구단위계획을 수립하는 단계에서는 토지의 활용계획에 대하여 구체적으로 명시하여 입안하므로, 토지이용계획(가구, 획지 계획), 획지별 건축물의 용도, 건폐율, 용적률, 높이, 배치, 형태, 색채까지 자세히 정하기도 한다. 부지조성이나 건축을 위한 개발행위허가 때는 지구단위계획에 맞게 해야 하므로, 지구단위계획 입안시 이를 고려한 건축계획이 마련되는 것이 바람직하다.

각종 인허가 관련 법령에 의해 여러 종류의 심의위원회의 역할 및 심의 범위 등이 정해져 있다고 하더라도, 심의 내용이 중복되거나 위원회간 의견이 상충되는 경우도 발생하고 있어 사업자 입장에서는 고충이 크다.

또 도시계획위원회 위원들의 평가 시 전문성과 공정성의 문제가 제기되어 왔다. 지자체별로 설치된 도시계획위원회의 심의기준에 일관성이 결여되어 혼란을 더하기도 한다. 이에 공정하고 일관성 있는 기준에 따라 심의할 수 있는 제도 개선이 필요하다는 의견이 오래전부터 제기되어 왔다.

해당 토지의 법적 용도와 계획을 잘 살펴야 하고, 허용되지 않는 시설물과 기능을 배치하지 않도록 해야 하며, 부득불 대안이 없는 경우는 행정 담당기관과 협의를 통해 해결하도록 해야 할 것이다.

7 개발사업시행 승인

여러 단계의 평가/심의를 거친 후 그동안의 의견들을 총정리하고, 행정 유관부서들의 교차 확인을 받아 최종적으로 사업에 대한 승인을 받는데, 근거되는 개발법령에 따라서 사업계획승인, 실시계획승인, 조성계획승인 등이라 명칭한다.

그동안 선행적으로 거친 각종 심의결과를 확인하여 최종적으로 개발사업승인함으로써, 심의 단계에서 확정된 내용과 상이하게 개발 행위 승인이 이루어지는 것을 미연에 방지하고자 하는 것이 주요 취지이다.

특이한 사례로 제주특별자치도의 경우에는, 외국 혹은 외지 자본에 의한 개발사업이 많아 이러한 모든 절차 외에 자본검증 절차를 추가로 요구하는 경우도 있다. 사업에 소요되는 투자금의 조달 내역, 자금조달의 가능성과 안정성, 사업 타당성 분석의 합리성, 투자자의 신용도 등을 검증하여, 사업허가권을 제3자에게 되팔거나 사업중단에 따른 지역사회의 피해를 막고자 하는 목적이다. 사업자의 기업활동 자율성을 과도하게 규제한다는 비판적 목소리도 있다.

8 | 건축허가

마지막으로는 건축허가 단계이다. 각 심의단계를 거치고 최종적으로 개발사업시행 승인고시가 떨어지면, 건축 계획 부분을 추가로 확인하여 승인 받은 내용과 일치할 경우, 건축 허가를 받게 된다. 이 때 개발행위허가는 선행하거나 건축허가의 의제로 하여 진행한다.

이 시점부터 건축 관련한 본공사를 시작(착공)할 수 있다. 공사를 완료(완공)하고 나면, 당초 허가를 받은 대로 조성되었는지 준공검사를 받고, 이상 없이 최종적으로 사용승인을 받게 되면, 사업장의 영업을 개시할 수 있다.

9 기타

앞서 개발사업을 위한 여러 가지 행정절차 중에서 주요한 평가/심의에 대해서 개괄적으로 설명하였다. 이 외에도 사업지의 개별 특성에 따라서 여러 가지 행정절차가 추가되는 경우가 있다.

군사시설에 대한 협의, 에너지합리화법에 따른 에너지이용 계획, 산지/농지 전용협의 등등이 있을 터인데, 어떤 것들은 기술·행정적으로 대처할 수도 있고 어떠한 것들은 협상을 통해서 해결해야 할 경우도 있다.

지방소멸(인구감소와 지역 경제 붕괴) 우려가 더욱 심각해지고 있는 상황이다. 그러나 행정 절차와 인허가 관련 심의는 더욱 복잡해지고 까다로워져만 간다. 부담을 줄여주어도 시장환경은 사업하기 녹녹치 않은데, 개발사업 활성화를 위해 법·제도적 정비만이라도 보탬이 되도록 했으면 한다.

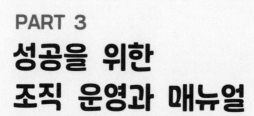

PART 3

성공을 위한
조직 운영과 매뉴얼

디즈니랜드의 사례를 중심으로

리조트를 재방문하는 데 미치는 영향을 조사한 결과를 살펴보면, 잘 지은 건축물과 시설 환경은 40%의 역할을 하고 있으며 근무자들의 환대(hospitality)는 무려 60%의 기여를 하고 있다고 한다. 본 장에서 글로벌 선도업체인 디즈니 리조트를 소개하려는 이유도 높은 퀄리티의 시설 투자 외에도 우수한 운영서비스를 갖추고 있는 좋은 사례이기 때문에 있다.

그간 우리나라는 리조트 개발에 있어 좋은 디자인을 효율적인 건설비로 짓는 일에 역량을 집중해 왔다. 즉, 고객의 감동을 자아내는 일보다 넓은 공간을 채우는 것을 리조트 사업이라고 생각해왔다. 자신만의 차별화된 "와우 Wow"한 공간을 창조했다면 그나마 다행이지만 아쉽게도 다른 좋은 곳을 여기저기 짜깁기하는 것이 다반사였다. 더구나 우리나라 리조트들은 종사자들의 급여를 낮추고 운영조직을 슬림화하여 인건비를 낮추는 데서 수익 안정화를 추구하려는 성향이 강하다.

그러나 글로벌 리조트들의 성공 요인을 살펴보면 고객 감동과 평생의 추억을 선사하기 위한 다양한 프로그램과 서비스 그리고 이를 위한 운영조직과 역량에 많은 노력을 기울이고 있음을 알 수 있다.

리조트 개발기획 업무와 관련하여 좋은 운영 철학과 조직 문화를 소개하고자 하는 이유는 잘 지은 건축물만이 리조트의 전부가 아니기 때문이다. 또한 좋은 서비스가 반드시 많은 인력을 운용해야만 하는 것도 아니다. 성공하고 싶으면 반드시 리조트와 테마파크의 근무자들이 훌륭한 조직 운영 역량을 갖추어야 한다.[1] 앞으로 살아남는

---

1) 이와 관련하여 필자가 경험했던 에피소드 하나를 소개하고자 한다. 가족여행차 같은 펜션을 5년의 시간을 두고 두 번 방문한 적이 있다. 처음 갈 때에는 이용 후기가 괜찮아 꼭 가보리라 하고 예약 대기까지 걸어두며 어렵사리 겨우 이용했던 곳. 방문하여 보니 투숙객들과 카페 방문객들로 북적일 정도로 과연 인기가 많았다. 주인이신 듯한 '이쁘고 단아한' 여자 사장님이 고객들에게 친절하

리조트와 시장에서 잊혀지는 리조트의 차이는 고객 환대의 운영 조직 문화에 달렸다고 감히 말하고 싶다.

게 대해 주고 세심하게 챙겨주는 모습이 기억에 남는 곳이었다.

5년 뒤 다시 가족들과 그곳에 들렀다. 너무나 한산해진 펜션에 적잖이 놀랐다. 시즌이냐 비수기냐의 문제가 아니었다. 건물도 숲풍경도 근사한 조식도 카페의 커피맛도 그대로였으나, 더 이상 예전의 그곳이 아니었다. 고객들에게 대하는 친절과 미소는 없는 삭막한 곳에서 '영혼 없는 사업장'의 아련한 무언가를 느꼈던 날이었다.

01 / 디즈니랜드의 운영 철학과 추구 가치

90% 이상의 직원들이 주부, 노인을 포함한 평범한 지역주민들로 구성되어 있는 전 세계인의 데스티네이션 파크 리조트인 디즈니는 어떻게 오늘의 명성을 얻게 되었을까? 다른 곳보다 급여가 월등히 높을까? HR부서의 인재 선발 능력이 탁월한 것일까? 근무 인력배치는 어유로울까?

흔히들 디즈니랜드의 경우, 다른 테마파크나 리조트와 다른, 자금력과 조직력을 가지고 운영되고 있다고 생각할 수 있겠지만 여느 리조트나 테마파크와 동일한 경영 어려움을 안고 있다.

"언제나 우리의 자금은 부족하고
우리의 인력은 충분하지 않으며
우리는 언제나 여유가 없고
고객과 회사를 위한 아이디어도 없습니다."

1 디즈니의 철학과 가치

1) 업의 본질

행복하고픈 누구나가 꿈꾸는 것을 잊지 않게
Give Happiness

2) 추구 가치

안전(Safety)
예의(Courtesy)
연기(Show)
효율(Efficiency)

3) 미션

"To entertain, inform, and inspire people around the globe through the power of unparalleled storytelling, reflecting the iconic brands, creative minds and innovative technologies"

"비교할 수 없는 스토리텔링과 독보적인 브랜드, 창의적 발상 그리고 혁신적인 기술을 통해 지구촌의 사람들을 즐겁게 하고 일깨워주며 영감을 불어 넣는 것"

즉, 디즈니랜드는 고객에게 가족, 친구, 연인, 동료와 나눌 수 있는 최선의 경험을 제공하는 것을 디즈니 업의 본질이며 존재 이유라고 명확히 밝히고 있다.

2 디즈니랜드의 4대 핵심가치

1) Safety(안전) 제1가치

- I practice safe behaviors in everything I do 내가 하는 모든 일에서 안전한 행동을 실천한다.
- I take action to always put safety first 나는 항상 안전을 최우선으로 하는 조치를 취한다.
- I speak up to ensure the safety of Others 나는 다른 사람들의 안전을 보장하기 위해 목소리를 높일 것이다.

2) Courtesy(예의) 제2가치

- I project a positive image and energy 나는 긍정적 이미지와 에너지를 표출할 것이다.
- I am courteous and respectful to Guests of all ages 나는 모든 연령대의 게스트들에게 예의 바르고 존경심을 가질 것이다.
- I go above and beyond to exceed Guest expectations 나는 게스트들의 기대를 넘어서기 위해 더 높이 더 너머로 나아갈 것이다.

3) Show(연기) 제3가치

- I stay in character and perform my role in the show 나는 캐릭터이며 쇼 연출 속에서 역을 맡고 있다.
- I ensure my area is show-ready at all times 나는 항상 나의 맡은 영역에서 연기할 준비가 되어 있음을 확신한다.

4) Efficiency(효율) 제4가치

- I perform my role efficiently so Guests get the most out of their visit 나는 내 역할을 효율적으로 수행하며 그리하여 게스트들이 그들의 파크 방문에서 최상의 것을 경험하게 한다.

- I use my time and resources wisely 나는 나의 시간과 자원을 지혜롭게 사용한다.

02 디즈니랜드의 경영 난제와 개선 지향점

디즈니랜드 역시 모든 회사 조직이 직면하는 다음의 경영과제를 개선하기 위해 늘 노력해 왔다.

① 가격 경쟁의 탈피

② 서비스 품질의 상향평준화와 효율화

③ 고객 응대의 질적 향상

또한 조직 역량을 저하시키는 다음의 세 가지 근무 태도를 극복하기 위해 고민해야만 했다.

① Stranger: 무지, 업무 효율성 저하

② Disregard: 자의적 무시, 서비스 품질 하락

③ Mindless: 무개념근무, 매너리즘

Stranger는 갓 합류한 신입 근무자가 자신의 역할과 업무에 대하여 알지 못하는 상황을 말한다. 운영 매뉴얼이 불충분하고 자신의 과업 목적에 대하여 알지 못하는 상태이다.

Disregard는 업무를 잘 알고 근무한 지도 꽤 지났지만, 정해진 규칙과 매뉴얼을 따르기를 거부하고 자기 방식대로 임의로 일하는 상황을 의미한다.

Mindless는 오래 근무한 베테랑들에게서 일어나는 태도로 자신

이 하고 있는 일에 대하여 성장감이나 효능감이 없어 영혼 없이 매뉴얼대로만 하는 수동적 근무 상태를 말한다.

디즈니랜드는 이러한 문제들을 어떤 식으로 해결하고자 했으며, 어떠한 조직문화를 만들게 되었는지 살펴보고자 한다.

03 디즈니랜드의 운영 시스템과 매뉴얼

디즈니랜드는 근무 효율 개선을 위해 개개인을 다그치거나 개인의 책임으로 떠넘기지 않는다.

업무 역할별로 Team을 조직하여 과업을 부여한 "Brother System"으로 선임과 후임이 짝을 이루는 제도를 정착하였다.

호칭은 ○○님으로 하여 동등한 캐스트로서 상호 존중하도록 배려하였다.

디즈니는 직원 모두가 "자기 효능감"으로 근무할 수 있도록 하여 이를 동기부여의 원천으로 삼고 있다.

모든 과업에서 60%는 충실한 매뉴얼과 실행으로 기본적 서비스를 제공할 수 있도록 시스템을 통해 해결한다. 나머지 40%는 디즈니의 철학과 가치를 스스로 이해하고 자발적 참여를 통해 완성하도록 하였다.

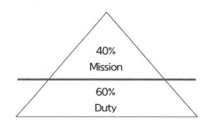

1 디즈니랜드의 Brother System

1) 선배 직원이 신입직원을 맨투맨으로 교육한다

일반 기업의 Elder system과 달리, 선배와 후배가 형제처럼 같이 성장하기 위해 공과 사를 불문하고 밀접하게 짝을 이루어 업무를 같이한다는 의미를 지니고 있다. 즉, 상사(수직)도 친구(수평)도 아닌 대각선 관계라 할 수 있다.[1]

2) 지도는 과감하게 해야 한다

매뉴얼 준수에 대하여는 예외 없이 엄격하게 하되, 손님 응대에 관하여는 개개인의 역량과 방식을 존중하며 고객에 Give Happiness라는 참의미를 전할 수 있도록 함께 더 나은 방향을 고민한다.[2]

3) 직원 스스로 작은 성공을 맛보게 하라

적당히 방치하고 스스로 생각할 시간을 부여하며, 활약할 수 있는 작은 일부터 맡겨서 스스로 성취감과 자신감 그리고 의욕을 갖게 한다.

---

1) 매뉴얼과 시스템으로 60%의 기본적 서비스 품질을 확보한 것 외에 나머지 영역의 업무에 대하여도 어떻게 해야 할지 모르는데 방치되는 stranger의 상황과 자의적으로 일처리를 하는 경우인 disregard 상황을 방지하고, 선배의 경우에도 후배 지도를 통해 mindless로 근무하던 습관에서 탈피하여 책임감과 자기효능감으로 임하게 하는 효과가 있다.
2) 디즈니 매뉴얼에는 고객에게 언제나 미소 지을 것이라는 내용은 없다. 손님과의 교감에 매뉴얼로 획일화하는 것은 작위적일 뿐더러 직원 스스로에게도 결코 도움이 되지 않기 때문이다. 자연스럽게 직원(캐스트)이 고객에게 미소로 응대하게 해야 성공하는 조직이라고 할 수 있을 것이다.

2 | 디즈니랜드의 동기부여 근원: 자기 효능감

- 직원들이 금방 그만 둠
- 조직과 팀에 일체감과 소속감이 없음
- 누구도 스스로 나서서 일하지 않음
- 회사 전체에 활기가 없음

경제적 동기부여인 급여를 가볍게 여길 수는 없다. 하지만 그것은 일부일 뿐 근원적인 동기부여는 "자기 효능감"에 있음을 디즈니랜드는 인식하고 이를 향상하기 위한 조직문화를 만들어 왔다.

"다른 사람에게 도움이 된다, 다른 사람에게 인정받는다"

자기 효능감은 팀과 직원에게 활기를 준다. 이러한 자기 효능감을 느낄 수 있도록 근무 방식이 설계될 필요가 있다. 디즈니랜드에서 커스티디얼 직원들은 하루에 평균 100번 이상 고객들에게 고맙다는 인사를 듣고 있는 것으로 알려져 있다.

3 | 디즈니랜드의 운영/서비스 매뉴얼

대부분의 사업장에서 조직문화를 개선하기 위해 캠페인을 하다 보면 다음과 같은 내부 저항에 부딪는다.

저희랑은 상관없는 것 같아요
매뉴얼은 틀에 박힌 것, 일을 오히려 만드는 것입니다
매뉴얼을 만들어 일하게 되면 오히려 번거롭고 비효율적일 것 같아요 디즈니의 매뉴얼은 본래의 업무를 제한하는 것이 아니라, 기본업무 수행에서 발생할 수 있는 혼란과 개인차를 없애 효율을 높이고 본연의 업무에 더 힘을 쏟을 수 있도록 설계하는 것을 주된 목적으로 하고 있다.

기업의 조직론에서 2:6:2의 법칙이 있는데 즉, 생산적이고 적극적인 상위 20%가 조직을 이끌고, 중간의 60%는 평균적인 역할, 하위 20%는 비생산적 그룹을 의미한다.

디즈니는 매뉴얼을 통해 하위 20%가 평균 이상을 일할 수 있게 하여 전직원 모두가 최소한 기본적인 서비스는 제공할 수 있도록 시스템 관점에서 운영하는 것이 특징이다. 다음은 일반적인 운영서비스 매뉴얼과 디즈니랜드에서 추구하는 매뉴얼의 차이를 비교한 표이다.

일반적 매뉴얼	디즈니 매뉴얼
개인의 능력 향상에 포커싱	팀 전체의 기능을 끌어올리는 데 중점
개인별 편차 발생	누가 실행하더라도 같은 결과 도출
서비스의 품질 안정성 부족	무엇을 언제 해야 하는지 명확히 기재
조직적인 도덕적 해이 발생 가능성	순서와 결과, 기준을 명확히 적시

개인보다는 팀 단위의 역량을 끌어올려 서비스의 품질을 상향 안정화하고 매뉴얼은 명확한 방식으로 작성되도록 설계되어 있다. 세면대 청소를 예를 들어 매뉴얼의 차이점을 비교해 보자.

1) 일반적인 세면대 청소 매뉴얼

1. 세면대 주변에 떨어진 쓰레기를 쓰레기통에 넣는다.
2. 수도꼭지를 전체적으로 닦는다.
3. 거울을 닦는다.
4. 휴지를 보충한다.

5. 이 업무는 한 시간에 한 번씩 한다.

2) 디즈니랜드에서 적용하고 있는 세면대 청소 매뉴얼

1. 세면대 주변에 떨어진 쓰레기를 쓰레기통에 넣는다.

2. 세제와 스펀지로 세면대 안쪽을 닦는다.

3. 걸레를 물이 흐르지 않을 정도로 짜서 반쪽 면으로 세면대 안쪽을 구석구석 닦는다.

4. 물기를 꽉 짠 걸레의 나머지 부분으로 세면대 바깥쪽을 구석구석 닦는다.

5. 마른 걸레의 반쪽 면으로 세면대에 남은 물기를 닦는다.

6. 나머지 부분으로 거울과 수도꼭지의 물방울과 물때를 닦는다.

7. 남은 휴지가 1/3 이하라면 남아 있어도 보충한다.

8. 이 일은 매시간 정각에서 10분까지 실행한다.

3) 좋은 매뉴얼은 다음의 5가지 내용들을 담고 있어야 한다

1. 모든 시작은 본질로부터
작업의 본질과 목적, 그리고 의미를 분명히 해야 한다.

2. 작업을 일일이 나누고 정리하여 필요한 항목을 기록
10개 이하로 하되, 누가 하든지 결과가 달라지지 않도록 한다.

3. 업무의 절차(Process)와 순서를 명확히 기록
직관적이고 명확한 방법으로 정리될 수 있도록 한다.

4. 도입했을 때 실제 효과가 있는지를 확인
이전 작업보다 효율성과 퀄리티가 향상되었는지 점검한다.

5. 체크 리스트를 준비
해당 업무 수행자가 스스로 매뉴얼 내용을 꼼꼼하게 확인하고 원래의 목적에 맞게 잘하고 있는지 점검하기 위한 것이다.

4 | 디즈니랜드의 지속가능 시스템: 크로스 커뮤니케이션[3]

디즈니에서는 업무를 성취되어야 할 업의 본질(Mission)과 응당 해야 할 과업(Duty)으로 인식한다. 미션은 직원들의 자율에 의해, 듀티는 매뉴얼로 수행되지만 상호간 그리고 조직적으로 유지되고 발전하기 위해 Cross Communication을 활성화하여 운용하고 있다.

조직의 철학과 가치를 투영하여 "무엇을 위해 우리는 일하는가?"에 대해 전직원이 이해하고 근무하게 된다면 조직력과 운영 서비스는 한층 향상된다. 조례나 종례처럼 직급자가 일방적으로 메시지를 전하는 것이 아니라 모든 사람이 꾸밈없이 직급에 무관하게 이야기를 나눌 수 있는 분위기가 중요하다. 창업자에 대해 연구하는 것은 기업이념에 담긴 진정한 의미를 이해하는 데 있어 큰 도움이 된다.

"오늘 이런 일이 있었습니다", "나도 그런 적이 있어"
정답을 추구하는 것이 목적이 아니라,
"맞아맞아", "그래 그래" 공감을 이끌어 내는 것이 중요하다.

긍정적인 주제를 정하고 부정적인 토론이 되지 않도록 주의해야 한다. 좋은 사례는 정리하여 기록으로 남기며, 다른 부서에도 전달하여 공유한다.

---

3) '디즈니 고객 경험의 마법', 디즈니 인스티튜트, '하우 투, 디즈니 시스템 & 매뉴얼', 오스미 리키 참조.

디즈니랜드의 운영 사례

1 Greeting with Clapping in parade

디즈니랜드에서 퍼레이드는 항상 많은 게스트들이 운집한다. 특히 안전선(Safety line)은 서로 좋은 자리를 차지하기 위해 안전사고가 다발적으로 발생하는 집중관리 포인트이다.

디즈니에서는 어떻게 하면 강압적이지 않으면서도 관객들이 안전에 자발적으로 참여할 수 있게 할지 많은 고민을 해왔다.

"게스트들에는 부정적인 언어를 사용하지 않으며
강요하지 않는다."

해법: 퍼레이드 전 세이프티 라인을 구축하기 위해 "박수"를 다 같이 치면서 존을 정리하는 아이디어를 시행하였다.

결과적으로 나쁜 손을 자제하게 하고 퍼레이드에 대한 기대감을 높이면서 자연스럽게 정돈되는 좋은 결과를 거두고 있다.

2 토사물의 처리

많은 놀이기구를 운영하고 있는 디즈니랜드는 놀이기구 퇴장지역에는 구토와 토사물이 수시로 발생한다. 당사자와 주변 방문객들이 불쾌하지 않도록 자연스럽게 처리할 필요가 있다.

"Custodial: 실수한 고객도 민망하지 않도록 최대한 배려한다"

매뉴얼: 개인능력에 편차가 없는 일관된 결과를 얻도록 한다.

1. 휴지로 덮는다.
2. 응고제가 있는 약품을 뿌린다.
3. 기다린다.
4. 휴지 채로 쓸어 쓰레받기에 담는다.
5. 냄새 제거제와 소독제를 뿌린다.
6. 쓰레받기를 가지고 이동하여 지정된 장소에 폐기한다.

3 지진 발생시

2011년 3월 11일 일본 도쿄 치바현에 위치한 디즈니랜드의 인근에 진도 8.9 리히터의 강진이 발생하였다. 다행히 내진설계로 구축되어 있어서 건물 및 어트랙션의 붕괴는 없었다. 파크 내 공황 상태 발생으로 인한 인명 피해도 거의 없었다.

평상시 운영 매뉴얼과 고객 관점에서 대응하도록 사전에 잘 준비된 탓에, 심각한 자연재해를 큰 혼란 없이 잘 해결한 리조트 및 파크 운영의 모범사례라 할 수 있다.

"근무자도 당황할 수 있는 대응 업무는 직관적이고
간단한 매뉴얼로"

매뉴얼: 지진 발생시 4가지 대응 사항

1. 눈을 가린다(내장객들이 혼란한 상황을 목격하고 동요하지 않도록 캐

212

스트들이 자신들의 안내에 주목하도록 하는 상황)

2. 다리를 묶는다(내장객들이 넓은 파크 내에서 방향성을 잃지 않도록
   안전한 곳으로 안내를 받아 혼잡 사고를 미연에 방지함)

3. 손을 묶는다(긴급하게 기프트나 상품을 배포하여 손에 든 것을 가지
   고 놀거나 탐색하게 함으로써 심리적 동요를 막는 상황)

4. 입을 막는다(공포 상황에서 식음료를 지급하여 안전감을 느낄 수 있
   도록 배려함)

수만명의 파크 방문객들이 소요 없이 안전지대로 대피할 수 있
게 한 매우 효과적이며 직관적인 매뉴얼이다.

4 탄력적인 홀 서비스

하루에 수만명이 다녀가는 디즈니랜드는 파크 모든 곳이 혼잡하
지만 특히 식사 시간대는 레스토랑에 방문객들이 집중되어 매우 혼잡
하다. 이런 상황에서도 파크 근무자들은 고객에 최선의 서비스를 제
공하기 위해 노력해야 한다.

"디즈니랜드 식당에 오신 손님들이 방치되거나 소홀히 되어서는
안 됨"

테이블 서비스 레스토랑의 매뉴얼: 2가지 방식으로 운영

1. 슬로우할 때: 테이블 전담 방식으로
2. 혼잡할 때: 웰컴 – 가이드 – 오더 – 러너 – 부스맨 – 캐셔
   의 6단계의 각기 다른 역할을 부여하여 운영

5 디즈니의 3 Gives

수많은 고객들을 감동시키고 행복을 전하기 위해서는 모든 캐스트 즉, 직원들이 자발적 서비스를 제공해야 가능하다.

Give+a Step, a Finger, a Word
"디즈니랜드에 오신 모든 손님은
언제나 행복하고 대접받아야 한다"

3 Gives

1. 한걸음: 쓰레기 줍기
2. 손가락: 기념사진
3. 말 건네기: 인사하고, 안내하기

6 안내 간판이 적은 디즈니랜드

앞서 3 Gives 중 Give a word와 관련된 것으로 사이니지가 적을수록 고객과 접점을 늘일 수 있고 캐스트들의 "자기효능감"을 높일 수 있다. 한편 사이니지는 파크의 어메너티를 혼잡하게 하는 부정적 요소이기도 하다.

Give+a Word
"디즈니랜드에 근무하는 캐스트들은 손님들의 칭찬과 인정으로 자기 일에 대하여 만족하게 해야 한다"

디즈니랜드의 '스타워즈' 어트랙션, 사이니지가 거의 없다.

7 국내 사례 소개: 에버랜드의 아름다운 손

공연을 관람하는 어린이의 그늘이 되어 준 캐스트의 아름다운 손이 화제였다. 한여름 퍼레이드를 관람하기 위해 뙤약볕에 앉아 있는 어린이 손님을 위해 자기의 모자를 벗어 그늘을 만들어 준 전세환 캐스트의 감

동적인 모습이다.

고객 입장에서 배려하고 환대하는 일은 일일이 매뉴얼로 할 수 없다. 회사의 철학과 추구 가치를 이해한 근무자의 자발적 마음에서 우러나야 가능하다.

8 기업의 핵심 이념의 중요성

"리더는 죽고 상품은 폐기되며 시장은 변화하고 신기술이 등장하며 경영의 사조는 나타났다 사라지지만 위대한 기업의 핵심 이념은 계속해서 길을 안내하고 영감을 불어넣어 준다."

– 하버드 비즈니스 리뷰에서 발췌 –

"핵심 이념의 단순한 선언이 아닌 그 이상이 현실이 되고 구체화된 비전 기업은 매우 효율적으로 조직을 통합하고 장기적으로 성공한다."

– 성공하는 기업의 8가지 습관 中에서 –

성공하는 모든 리조트 기업은 고객을 이해하고, 명확한 목표를 세우며, 타협하지 않는 최상의 품질과 서비스를 정교하게 설계한 운영 시스템을 가지고 있다. 한 번도 오지 않은 고객은 있어도 한 번만 오실 고객은 없도록, 만족을 넘어 감동을 선사하는 일에 진심을 담는다면 반드시 성공할 것이다.

책을 마치며...
지방소멸 대응책으로서의 관광산업의 특수성과 공공의 역할

곧 다가올 지방소멸

우리나라는 전세계에서 유례가 없는 저출산율과 초고령화 그리고 급격한 인구감소를 경험하고 있다.[1] 이러한 인구학적 영향은 당장 비수도권 지역부터 지방소멸로 이어지고 있다. '애기 울음소리를 들어본 적이 없다'는 지자체는 그 수가 해마다 늘어만 간다. 여행을 다니다 보면 한때는 학생들이 뛰고 땀 흘렸을 학교 운동장에 수풀이 우거지고 폐교가 되어버린 곳을 많이 보게 된다.

'보이지 않는 손'과 지역불균형 발전

이러한 상황을 극복하거나 적어도 급격한 사회경제적 이행 속도를 낮추려고 해도 쉽지 않다. 보이지 않는 손이 모든 문제를 해결한다는 자본주의와 시장논리를 믿고 그냥 기다리면 해결되는 것일까?

도시 및 수도권에 비해 농어촌과 지방은 지역총생산의 주요 요

---

1) '둘만 낳아 잘 기르자' 캠페인이 시작된 이후, 합계 출산율이 2명 이하로 떨어진 해는 1984년이다. 다시금 출산 장려 캠페인과 각종 정책이 수십 년간 시행되었음에도 한 번 떨어진 출산율은 회복될 기미가 보이지 않는다. 2018년도에는 최초로 1명 이하로 떨어져, 현재(2024년)는 0.6명대로 추정되고 있다. 이는 전쟁중인 국가에서 겪는 출산율과 맞먹는 수준이다.

소인 자본, 토지, 인력, 기술 등 모든 측면에서 비교 열위에 있다. 토지는 절대적 면적 기준으로는 지방에 많다. 그러나 낮은 접근성, 토지이용규제 등으로 쓸 만한 토지 관점에서 보면 열위에 있다. 도시 및 수도권은 그 장소적 특성과 입지적 강점 때문에 그에 걸맞은 산업체들이 이미 과밀하게 집중되어 있다. 더군다나 인구 감소와 경제 규모가 줄어드는 흐름 속에서는 더욱더 수도권과 도시로의 집중은 불가피할 것이다.

우수한 기술을 바탕으로 높은 부가가치를 남기고 법인세도 많이 내는 기업들이 한곳에 모여 있는 '판교 테크노밸리'는 모든 지방자치단체의 선망 대상이다. 많은 기업들은 젊고 유능한 인재를 유치하고 유지하는 데 고심하고 있다. 시골에 직장 소재지가 있다면 벌써 우수인력의 확보라는 경쟁력에서 밀려난다. 젊은이들은 연고도 없고 삶의 질을 기대할 수 없는 지방근무를 선호하지 않는다.[2]

관광산업의 특성과 지역발전

농어촌과 비수도권 지역도 차별화된 장소성과 지역성에 맞는 사업으로 경쟁력을 키울 수 있는 영역이 분명히 있다. 가처분 소득이 높은 도시와 수도권 지역의 사람들은 도심을 벗어나서 자연경관이 우수한 곳에서 휴식과 여행을 통해 기꺼이 소비할 의향이 있다. 관광산업은 그 대표적인 사업이라고 할 수 있다.

관광사업은 여러 가지 형태로 추진될 수 있다. 작은 체험관광농원, 캠핑장에서부터 대규모 리조트와 테마파크까지 그 범위가 넓다.

---

2) 제주도에 다음(Daum) 본사가 입주하여 파격적인 행보를 보였지만 지금은 어떤가? ESG 관점에서 보였던 다음 커뮤니케이션 기업의 사회적 실험은 결국 무늬만 본사를 제주도에 남겨두고 실제 업무는 수도권 소재의 회사에서 하고 있는 기형적 결과를 낳았다.

작은 관광사업장의 경우는 개인 투자로 비교적 쉽게 할 수 있고, 대규모 사업장의 경우는 사업의 마무리까지 수많은 어려움을 극복해야 하겠지만 지역에 미치는 파급력이 크다.

관광산업은 환경친화적이며, 조성 단계 전후로 부가가치 연관효과도 크다. 준공 후 운영 기간도 장기적이어서, 안정적인 고용 창출효과와 운영자들의 정주로 인한 인구 증가에도 강점이 있다. 관광사업장 방문객의 숙박과 주변 관광지 이용으로 지역 경제 활성화에도 큰 도움이 된다. 관광 목적으로 움직이는 사람들은 친절하고 유쾌하다. 지역 분위기와 환경 개선에도 유리하다.

인도네시아 발리 섬 관광지의 경우, 초창기에는 해변에 늘어선 로컬 리조트와 호텔 그리고 많은 사람들로 붐비는 거리로 자연발생적으로 시작되었다. 관광지로서의 가능성이 확인된 시점에 글로벌 체인 리조트들이 줄지어 들어서고 컨벤션 센터도 조성되면서 관광휴양지로서 본격적으로 성장했다. 이후 자연 그대로의 원시성을 살린 소규모 초 프리미엄 리조트들이 들어서면서 다양한 가격대의 리조트를 품은 유명 휴양지로 발돋움하였다. 지역 내의 성장 잠재력을 재평가하고 장기적인 안목에서 다양한 관광자원을 구축해 가고 있는 좋은 예라고 할 수 있다.

'규모의 경제효과'가 명확한 관광산업

관광사업은 규모의 경제효과가 명확한 사업이다. 조성비 100억 관광시설과 1,000억 관광단지는 방문객수, 체류시간, 이용만족도, 객단가 및 매출에서 열 배라는 단순 비례가 성립되지 않는다. 공급 측면에서 보면 시설 규모가 클수록 큰 수용력을 가지고 더 많은 방문객들을 받을 수 있다. 그리고 더 많은 경험 콘텐츠를 제공할 수 있다. 늘어난 체류시간은 곧 이용만족도 및 매출과 강한 양의 상관관계를 가진다. 수요 측면에서도 많은 방문객을 통해 인지도를 높이면 해당 시설의 이용 수요도 상승한다. 큰 규모의 관광사업은 실패 리스크는 클 수 있지만 우수한 기획과 매력적인 시설로 잘 조성된다면, 안정되고 지속가능한 사업장이 될 가능성이 더 높다.

작은 규모의 관광사업은 망해도 손해는 적겠지만 성공할 가능성 자체가 낮다. 개소식을 하고도 소리소문도 없이 사라지는 소규모 관광시설이 우리나라에 얼마나 많은가! 들춰라도 낼까봐 다들 쉬쉬하고 있는 곳들이다.

그간 도농균형발전, 지역경제활성화 등과 관련하여 많은 정책과 지원이 이루어져왔지만 다른 것은 차치하고서라도 관광산업에 있어서는 그간의 정책에 낙제점을 받아야 한다. 지금까지 관광산업 육성의 기조는 정치적 논리에 의한 나눠먹기(pork-barrel) 방식에 의해 진행되어 왔다. 참 편한 정책 집행이라 할 수 있다. 골고루 나눠 주면 불만이 없기 때문이다. 우리나라의 미래를 생각하면 당장 뒤탈이 없다는 것이 성공적이라고 할 수 있을까? 이러한 세금 낭비는 관광사업

예시 1: Pork-Barrel 식 관광시설 투자

구분	예산	1년	2년	3년	4년	5년	6년	7년	8년	9년	10년	평가
지역A	200억	50	50	50	50							하
지역B	250억	25	25	50	100	50						하
지역C	150억		25	50	50	25						중
지역D	200억		25	25	100	50						중
지역E	150억	50	50	50								하
지역F	250억	25	125	100								하
지역G	200억	25	50	100	25							상
지역H	250억		50	150	50							하
지역I	200억		25	125	50							하
지역J	150억		25	50	50	25						중

종합 : 상 1, 중 3, 하 6 / 10개 지역 / 2,000억 / 5년 단위

* 평가: ROI, 매출, 수익률, 시설인지율, 방문객수, 이용만족도, 주민참여도, 지역민 고용 효과, 지역 내 경제효과, 인구증가 등 종합 정량평가

예시 2: 경쟁력 확보를 위한 관광시설 투자 계획

구분	예산	1년	2년	3년	4년	5년	6년	7년	8년	9년	10년	평가
지역A	1,000억	50	350	500	100							상
지역B	100억	10	30	40	20							하
지역C	900억		50	250	500	100						중
지역D	1,200억	25	125	200	500	300						상
지역E	800억	50	100	250	300	100						중
지역F	1,000억						50	350	500	100		상
지역G	100억						10	30	40	20		하
지역H	900억							50	250	500	100	중
지역I	1,200억						25	125	200	500	300	상
지역J	800억						50	100	250	300	100	중

종합 : 상 4, 중 4, 하 2 / 10개 지역 / 8,000억 / 10년 단위

에 대한 무지와 나눠먹기식 정치적 논리에서 비롯된 것이 아닐까?

예시를 통해 관광사업 투자 방식을 비교해 보았다. 적은 예산을 골고루 나눠주는 경우와 사업별로 우선순위를 정하고 시기별로 선택과 집중을 하여 경쟁력 있는 시설로 조성했을 경우로 나누어, 사업의 지속가능성 측면에서 어느 것이 우월할지 가상으로 비교하여 보았다. 공공 투자로 조성된 규모가 있고 집객력과 매력도가 높은 시설은, 지역 관광을 활성화하고 민간 투자를 추가적으로 유인하는 마중물 역할을 할 수 있다.

관광산업 정책 기조의 전면 재수립 필요성

관광사업의 특수성을 감안하여, 그간의 관광산업 관련 공공정책에 큰 변화가 있었으면 하는 바람이다. 정치 논리에 따른 정책으로 지방소멸이라는 절대절명의 사회적 문제를 가볍게 여기는 우를 범해서는 안 된다. 국가 전체의 관광산업 육성 마스터 플랜을 재수립하고 선택과 집중에 따라 지역별로 가지고 있는 강점을 단계적으로 살려가는, 큰 밑그림을 담은 국가전략이 필요하다. 관광산업을 지방소멸과

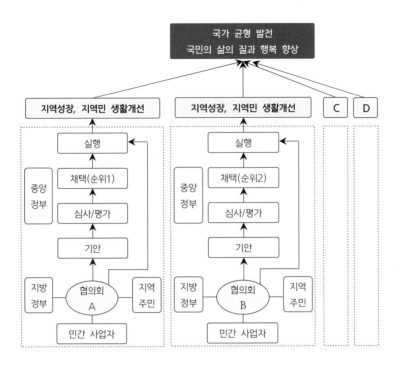

지역 경제를 살릴 적절한 대안으로 볼 것이라면 관광산업의 특수성을 이해하고 그간의 거듭된 정책 실패를 다시 답보하지 않는 노력이 요구된다.

사업 단위 측면에서 보면, 여러 법제도적인 관여가 이루어지고 성공을 위해서는 총사업비가 막대하게 소요되며 장기적인 운영을 기반으로 한다는 점에서, 최하위 단계의 지자체가 혼자 짐을 지고 가기에는 벅찬 사업이 관광사업이다. 중앙정부에서 큰그림을 그리고 지역단위에서는 지역의 장점을 실린 사업계획을 수립하도록 한다. 이 중에서 우수한 사업계획을 선정하여 우선순위로 실행할 수 있도록 한다. 하향식(Top-down)과 상향식(Bottom-up)을 혼합한 정책 의사결정 방식이 적합할 것이다.

창의성을 가진 민간사업자, 지역단위의 리더십을 발휘하고 이끌어 갈 지방정부, 사업의 지속가능성과 성공 요인으로서의 지역주민이 참여하는 '협의회'가 지역성과 장소성을 이해하고 차별화한 기안의 작성 주체가 되도록 한다.

중앙정부는 가용한 예산 내에서 각 지역의 기안을 심사하고 평가하여 지원 우선순위를 정하도록 한다. 이러한 정책 집행이 일관성 있게 이루어지면, 종국에는 국가 단위의 관광산업 증진이라는 큰 목표를 달성하게 될 것이다.

기안이 채택된 협의회에서는 사업계획에 충실한 실행이 될 수 있도록 하고 안정적이며 지속가능한 사업체를 조성하여 지역 성장과 발전을 기하도록 한다.

과거 후진국에서 개발도상국에로의 전환기에 하향식으로 시작되었지만 전국민의 열의와 노력으로 좋은 성과를 냈던 '새마을운동'처럼, 우리나라의 다가올 지방소멸 위기를 극복하기 위해서는 제2의 '사회적 운동(movement)'이 필요하다고 필자는 생각한다. 다가올 위기와 혼란을 환기하고자 하는 의미로 받아 주었으면 한다.

지역전문가의 육성과 지역 주도의 관광산업 성장

앞서 지역 참여 중심의 관광사업 모델을 언급하였지만, 지역 단위의 자체 성공 요인과 잠재적 가치를 발굴하기 위해서는 지역사회개발 전문가(regional community developer)들의 역할이 중요해질 것이다.

풀뿌리 민주주의의 좋은 사례로, 미국식 민주주의를 언급해보고자 한다. 미국에서는 지역 단위의 현안과 발전을 위한 개선안을 해당 지역 주민들이 지속적인 만남3)을 통해 가다듬어 간다. 그리고 이러한

---

3) 필자가 대학원 유학 시절에 관련하여 참여했던 일을 소개한다. 커뮤니티 센터에서 열린 지역민들의 모임에 참석하였었고 참석자는 약 30명 정도였으며 발표자는 어느 농장주 할아버지로 기억한다. '지역 관광사업 활성화'가 주제였으

기안을 체계화하고 수준 있게 만들기 위해, 해당지역 주민들과 행정가들을 연결하고 방향을 잡아주는 지역 전문가 그룹들이 왕성하게 활동하고 있다.[4]

지역별로 작성된 기안들은 상위 정부인 County에서 1차 심사와 평가를 받게 된다. 좋은 평가를 받은 안은 계속 상위 기관(행정, 입법)을 거치게 된다. 사업 규모에 따라 달라지겠지만, 주정부 및 주의회를 거쳐 최종 연방정부와 연방의회까지 이르는 경우도 있다. 미국식 민주주의가 우리나라와 다른 점은 주민참여와 주도로 이루어지는 상향적 접근 방식에 있다.

이와는 달리, 우리나라는 지자체의 투자유치 혹은 관광개발 담당자가 중심이 되어 기안을 올린다. 지역 내로의 투자유치가 주목적이기 때문에, 사업자(투자자)들이 관심 있어 할 사업들의 범주에 머무르게 된다. 지역주민들의 역량 부족, 지역 전문가들의 부재로 불가피한 상황이긴 하지만, 이로부터 발생해왔던 여러 문제점을 생각하면, 중장기적으로는 지역협의체를 중심으로 하는 상향식 지역개발 모델이 정착되었으면 하는 바람이다.

며, 자신의 농장을 포함한 주변 관광자원의 역사적이고 잠재적 개발가치에 대하여 발제하였다. 발표자는 필요한 도로확장에 자신의 부지 일부를 내놓을 생각도 기꺼이 있다고 소신을 밝히기도 하였으며, 이에 감사한 지역 주민들이 따스하고 배려하는 마음으로 의견들을 서로 주고받았던 것이 매우 인상 깊었다. 싱싱한 블루베리, 수제 치즈, 농장표 포도주, 베이킹한 빵들과 쿠키가 준비되어 있었는데 모든 것은 참석자들이 하나씩 준비해서 가져온 것이었으며 서로 나누며 자신들의 생활과 마을의 발전을 위해 노력하는 모습들이 감명 깊었던 자리였다.

4) 지역개발 전문가들은 해당 지자체의 프로젝트 지원 프로그램, 지역 주민들의 발전 기금, 대학이나 연구기관의 펀드, 기업의 재단 후원금 등 다양한 재정적 지원을 받고 있다.

관광사업 유치 구조의 재모색

현재 가장 많이 추진되고 있는 관광사업 유치방식은 공공에서 토지 환매 혹은 현물출자 그리고 도로, 전기, 상수도 등 인프라 구축비를 일부 지원하는 '민간사업자 공모' 방식이다. 그러나 사업 불확실성이 높고 장기 운영으로 투자금 회수라는 제약조건 때문에 프로젝트 파이낸싱도 어렵다. 토지 매입, 공공기여금 납부, 지역 이슈 해결 등의 부담이 민간 사업자에게 고스란히 남는다. 오를 줄만 알고 내릴 줄 모르는 원가와 인건비, 요동치는 금융비용, 운영인력 수급 불안정성과 고비용 구조 등 여러 악화된 사업환경도 관광산업 성장의 더딘 행보에 한몫하고 있다.

그간 일반적으로 행해지던 공모사업 중심에서 '민관합자 투자' 방식[5]을 새롭게 활성화할 필요가 있다. 사업 부담을 분담하고 기존의 역할과 책임에 대한 재정비를 통해, 민간 투자자들의 참여를 활성화하는 좋은 사업 모델을 만들어 갔으면 한다.

기획 단계부터 지역 이해도가 높은 공공에서 적극적으로 참여한다면, 민간의 창의성을 바탕으로 수준 높은 사업 계획을 할 수 있을 것이다. 합리적인 토지비와 지역민 공감대 확보도, 공공에서 같이 진행하는 프로젝트일 때 한층 수월하다. 준공 이후 운영에 있어서 지역민으로부터 외면 받지 않고 지역과 융화되고 지역화되는 관광시설로 자리잡는 데도 더 낫다.

다만 민관합자사업이 가지고 있는 가장 큰 우려사항은 공공 참여 지분으로 인한 지나친 행정의 감사와 개입, 이로 인한 프로젝트의

---

5) 민관합자 사업구조는 공공 부문의 지분 참여와 역할을 통한 토지매입, 공공기여금, 지역 내 이슈 해결, 프로젝트 파이낸싱 등에 있어 많은 이점이 있다.

자율성 저하일 것이다. 이는 사전에 주요 의사결정 사항에 대하여 협약에 명확히 하도록 한다. 공공은 지분 투자에 대한 이익 확보, 프로젝트 공공성 범위에 대한 규정에 한하도록 한다. 이외는 사업 계획, 설계, 시공, 운영 등에 있어 민간의 전문성과 창의성 그리고 자율성을 최대한 보장해 주는 것으로 한다면 서로의 이해관계를 살린 최적의 사업 모델이 될 수 있을 것이다.

지역사회에 내재화(internalized)될 수 있는 관광사업으로 변화

지방소멸 과제와 더불어 앞으로는 지자체이든 개발사업자이든 지역 주민 중심의 시각으로 관광사업을 접근해야 할 것이다. 그동안 지자체들은 괜찮은 사업체 유치에 역량을 집중해 왔다. 지역 공동체 및 지역 사회와 유리된 관광사업은 여전히 많다. 사업자는 사업자대로 처음 사업 추진할 때와 다르다는 비판을 피하기 어렵고 지자체는 약속과 다르다고 강제할 수도 없다.

지난 과거의 사업 관행은 앞으로는 사업자에게도 큰 리스크가 될 것이다. 변화된 환경에서 리조트 사업 자체의 영속성을 위해서라도 사업자도 지역 정주민의 고용과 역량 확보가 사업 성공에 있어 중요하게 되었다. 청년 실업이 아무리 늘어나도 지방의 호텔, 리조트, 골프장 등 관광 시설에는 일할 사람이 없다. 오죽하면 관광 서비스 인력 확충을 위해서 동남아나 동유럽 국가에서 해외 노동자를 고용할 수 있도록 입법화해야 한다는 움직임도 있을까? 일부 지방 골프장들이 노캐디, 키오스크 무인화 등을 운영하고 있는 것은 골프장의 대중화 때문이라기 보다는 내막을 들여다 보면 일할 사람이 없어서가 더 큰 이유다.

지역 관광사업에 지역 인력이 훈련·교육·채용될 수 있도록 폭을 넓혀가야 할 것이다. 안정적인 역량을 갖춘 종사자들을 확보하기 위해서는, 지역마다 운영되고 있는 고용훈련센터, 그리고 지역 고등학교 및 대학교와 연계하여, 필요로 하는 직무와 채용계획을 사전에 공유하고 미리 준비되도록 할 필요가 있다. 지역 상생 방안이 물질적이고 금전적인 기부 위주로 이루어지는 것은 이제 지양되어야 한다. 지방소멸과 리조트 사업의 지속가능성을 고려하면 이전과는 달리 긴밀한 운명공동체로서의 협업이 필요한 때가 되었다.

이러한 정책 방향성에 대한 담론과 합의를 끌어내고 일관된 정책 집행을 위한 공공의 리더십이 이미 늦은 감이 있어 많이 아쉽다. 실로 곧 다가올 지방 소멸의 시대적 과제를 진심으로 고민하고 있는 우리나라의 리더들은 과연 몇이나 될까? 장밋빛 구호에 그치는 것이 아닌 실행 가능하며, 오랫동안 지속되며 견고한 효과가 있는, 지역경제 활성화 정책이 절실한 시점이다.

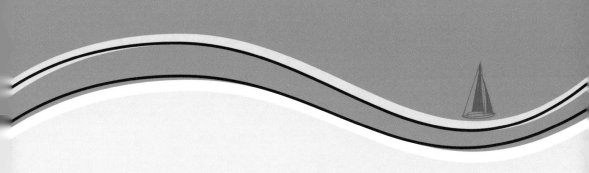

부록
Appendix

부록 1

벤치마킹 체험 숙박시설(2024년 1월 현재 기준)

대규모 리조트 시설은 아니지만, 국내에도 이국적이며 특색 있는 체험숙박
시설이 많아졌다. 타산지석으로 삼을 만하다고 생각하여 소개한다.

"천혜의 섬 울릉도 언덕에 자리한 기하학적인 형태의 리조트"

1. 위치: 울릉도

2. 조망권: 바다, 산

3. 특징: 우주를 담는다는 컨셉으로 기하학적인 건축 디자인과 스토리텔링(더 시스템 랩 건축사사무소, 김찬중 건축가)

4. 객실 및 요금

객실 타입	객실 요금(비수기~성수기)	
펜션형, 풀빌라형 17, 23평	35	55

5. 서비스

   – 카페, 야외풀, 실내스파, 가든

   – 원형으로 된 숙박시설(풀빌라형, KOSMOS)은 단체 우선

   – 인근 울릉도 트래킹, 유람선 투어, 해상 레저(스노클링, 선상낚시 등)

6. F&B: 사전예약 초호화 다이닝 서비스(꽃새우, 칡우, 특산 나물 등)

시설명: 호텔무무&펜션

"내 집이었으면 싶은 숲 감성 숙박시설"

1. 위치: 강화도

2. 조망권: 숲

3. 특징

   - 기존 주택 리모델링, 신축 콘크리트조 빌라 조성

   - 건축을 자연 속에 Invisible하게 조성

   - View를 살리기 위한 배치에 공을 들인 점이 돋보임

   - 내 집 같은 편안함과 소소한 디테일에 대한 호평

4. 객실 및 요금

객실 타입	객실 요금(비수기~성수기)	
신축, 호텔형 20평 구축(일반주택), 펜션형	25	40

5. 서비스

   - 개별 바데풀, 입욕제 서비스

   - 감성, 힐링, 숲속, 새소리, 별 소구 포인트

   - 인근 강화도 역사 문화 및 자연 관광 인프라 연계

6. F&B: 집에서 만든 깔끔한 서양식 조식

"한국서 만나는 스페인 가정집 속, 비일상적 경험"

1. 위치: 경북 경주

2. 조망권: 농촌 시골 마을

3. 특징

   - 스페인 풍의 이국적인 펜션 숙박

   - 다양한 동화 속 있는 듯한 빈티지 소품

   - 스페인 가정집에 와 있는 듯한 디테일에 대한 호평

4. 객실 및 요금

객실 타입	객실 요금(비수기~성수기)	
론다 1채, 애뜰 1채	25	35

5. 서비스

   - 스파, 월풀 등

   - 서양의 뜰과 정원에서 휴식할 수 있는 벤치와 화로, 바베큐장을 배치

6. F&B: 서양식 나들이 도시락

"바다에 인접한 남해권의 럭셔리 리조트"

1. 위치: 경남 통영시와 고성시

2. 조망권: 바다

3. 특징

 - 통영과 고성 2곳 운영

 - 통영: 건축물은 동남아 풍이나 내부는 한옥 혹은 일본풍 인테리어

 - 고성: 모던한 노출콘크리트 건축물

4. 객실 및 요금

객실 타입	객실 요금(비수기~성수기)	
Thatched 동남아(통영) 디럭스, 스위트, 로얄 10~14, 40, 40평	25 (70)	45 (120)
노출콘크리트 모던(고성) 10, 15, 20, 25, 30, 40평	12~45	17~60

5. 서비스

 - 수영장 및 사우나, 개별 자쿠지

 - 요트 투어, 수영장, 스파, 자전거 대여, 투명카약, 스노클링, 제트스키

"물에 진심인, 국내 고가 리조트"

1. 위치: 전남 여수

2. 조망권: 바다

3. 특징

 - 매우 다양한 타입의 객실(대형 평수 다수 운영)

 - 국내 최대 인피니티 풀, 스파로 홍보

 - 지방 관광지 중 최상위 객실료

4. 객실 및 요금

객실 타입	객실 요금(비수기~성수기)	
프레지덴셜 스위트(120평) 2실	100	330
로얄/오션 스위트(85평) 9실	70	200
펜트하우스(55평) 6실	45	140
루프탑(35평) 8실	35	110
프리미엄(26평) 3실	25	80
패밀리~스탠다드 스파(20평) 34실	15	50

5. 서비스: 인피니티풀, 대형 메인풀, 프라이빗 풀

시설명: 라모타 풀빌라

"부족한 건축물의 퀄러티에도 입지를 최상으로 활용한 사례"

1. 위치: 경남 거제도

2. 조망권: 바다

3. 특징

   - 작은 해변을 끼고 조성된 연립형 빌라로 4개 타입의 객실 운영

   - 스파, 풀빌라, 바다 조망뷰 호평

   - 수질 관리 및 침구 청결에 대한 좋은 평가

4. 객실 및 요금

객실 타입	객실 요금(비수기~성수기)	
슈리리어 6(15평)	18	30
디럭스 6(22평)	29	43
프리미엄 4(22평)	29	51
스위트 1(45평)	50	78

5. 서비스: 수영장 이용시 10만원, 바베큐장 2만원 추가비용

시설명: 슈가 브리움

"펫 가족도 가능한 SNS 맛집 리조트"

1. 위치: 전남 여수

2. 조망권: 바다

3. 특징

   - (옥상) 전용 풀빌라(스위트, 프라이빗)

   - 복층형 객실, 모던하고 심플한 건축물

   - 올인원 패키지(전일정 식사 제공) 호평

4. 객실 및 요금

객실 타입	객실 요금(비수기~성수기)	
MVG 스위트(4개층)	MVG 40	80
Rota 프라이빗, 풀빌라, 펫(2개층)	Rota 35	64
Phiphi 펫, 테라스, 풀빌라(복층)	Phiphi 24	40
코모 힐, 코모 펫(3개층)		

5. 서비스

   - 펫(반려동물) 숙박 가능한 객실 운영

   - 최근 요트 투어 체험 추가

   - 온수는 별도 과금 운영(10만~15만원)

6. F&B: 풀에 띄워 먹을 수 있는 Floating 반상

"검은 땅 위에 올려진 화이트 톤 유럽 건축물"

1. 위치: 제주 한림

2. 조망권: 먼바다와 숲

3. 특징

  – 화이트 톤으로 모던 + 유럽 컨셉

  – 풀빌라 이름은 이탈리아 지명 차용

4. 객실 및 요금

객실 타입	객실 요금(비수기~성수기)	
(호텔 타입)		
디럭스 더블 9평	13	25
디럭스 트윈 8평	13	25
(풀빌라 타입)		
친퀘 테레 100평	120	250
라 스페치아, 리오마조레		
마나롤라, 코르닐리아 50평	70	150
베르나차, 몬테로소알마레 36평	45	90

5. 서비스: 호텔 객실 이용객은 루프탑 공용 수영장, 풀빌라는 단독형

"북한강을 조망하는 강변에 지은 기하학적 모양의 리조트"

1. 위치: 경기도 가평

2. 조망권: 북한강

3. 특징

    – 언덕 경사지에 벙커형 콘크리트조 건축

    – 북한강 전망을 확보하기 위한 단지 조성

4. 객실 및 요금

객실 타입	객실 요금(비수기~성수기)	
펜트 풀하우스 60평	50	60
프리미어 풀 스위트 20평	25	35
슈페리어 더블 20평	14	28
로얄 듀플렉스	16	30

5. 서비스

    – 온수 추가시 10만원 부과

    – 인근 관광지 다수 보유(남이섬, 자라섬, 용추계곡, 아침고요수목원,

    쁘띠 프랑스, 제이드가든, 엘리시안 강촌 리조트 등)

"급경사를 활용하여 북한강 조망을 담아낸 리조트"

1. 위치: 경기도 가평

2. 조망권: 북한강

3. 특징

　　– 초 급경사지에 펜션 조성한 사례

　　– 단지 내 경사지 극복을 위해 미니 Funicular 설치

4. 객실 및 요금

객실 타입	객실 요금(비수기~성수기)	
V01~02 월풀 빌라	17	27
V03~04 스탠다드 빌라	12	22
V05~07 풀 빌라(복층형)	24	65
V08~10 풀 빌라(원룸형)	18	45

5. 서비스: 북한강 리버뷰, 인피니티 풀+수상 레저스포츠

"지역 여인숙의 환골탈태 사례"

1. 위치: 경남 합천

2. 조망권: 합천 호수변

3. 특징

   - 오래된 여관을 고목 건축재료로 리뉴얼

   - 심플하지만, 화이트 톤에 브라운 목재로 포인트를 줌

   - 객실 비치된 집기류, 어메너티의 고퀄러티에 대한 호평

4. 객실 및 요금

객실 타입	객실 요금(비수기~성수기)	
더블 30평	28	48
트윈 30평	32	52

5. 서비스

   - 호수를 조망하는 넓은 정원

   - 실내 스파(편백나무)

   - 인근 황매산, 합천영상테마파크 등 관광 인프라

시설명: 유온

"향과 감성에 진심을 담은 주인장의 운영철학"

1. 위치: 경북 경주

2. 조망권: 호수 및 숲

3. 특징: 깔끔하고 모던한 건축물로 화이트 톤에 브라운 목재로 인테리어하여
   포인트

4. 객실 및 요금

객실 타입	객실 요금(비수기~성수기)	
호수 뷰 객실 4평 숲 뷰 객실 4평	29	40

5. 서비스

   - 개별 객실 스파

   - 아로마, 향초 기본 제공, 에베레스트 산 암염 등 어메너티

   - 인근 보리밭 산책로

   - 객실 크기 매우 적은 2인실 대비 높은 객실료

   - 감성적인 소품과 편안한 인테리어

"In서울 숲에서 즐기는 클래식한 고급 힐링"

1. 위치: 서울시 은평구

2. 조망권: 북한산 숲

3. 특징: 건축물은 한옥이나, 내부 인테리어는 잘 어울리는 북유럽 스타일의 가구와 조명으로 고급지게 완성

4. 객실 및 요금

객실 타입	객실 요금(비수기~성수기)	
2층만 11평	18	39
1+2층	39	45

5. 서비스

   - 빈티지 음향기기로 음악 감상

   - 고급주택의 친환경 목재와 고급스런 집기류, 어메너티를 구비

   - 한옥, 원목, 외부 숲과 맑은 공기로 서울 도심에서 힐링으로 호평

시설명: 무이림

"무림도원의 도가 정신을 담은 고품격 숙소"

1. 위치: 충남 태안군

2. 조망권: 서해 바다, 숲

3. 특징   – 일본식 건축, 우수한 마감. 작은 집기까지도 브랜드 작업

　　　　　 – 작은 소품, 조경, 뷰도 도가사상의 철학을 표현하는 디테일

4. 객실 및 요금

객실 타입	객실 요금(비수기~성수기)	
총 10개 객실 18평	34	63

5. 서비스   – 개별 욕탕, 실리 최고급 침대, 구스 이불, 덕다운 베개

　　　　　 – Peter Thomas Roth 일체 어메너티 제공

　　　　　 – 천리포 수목원, 안면도 자연휴양림, 만리포 해수욕장 등

　　　　　 – 친필 웰컴 레터와 안내문, 짐도 직원이 옮겨 주는 서비스

　　　　　 – 주변에 식당 흔치 않아 불편, 고객 금지사항 다수 의견

6. F&B: 유기농 보성 잎차 제공, 건강식 조식 제공

"숲 속에서 만나는, 이질감과 따스함의 반전이 있는 곳"

1. 위치: 강원도 춘천

2. 조망권: 숲

3. 특징

    – 숲 배경에 의아함을 자아내는 이질적 노출콘크리트 건축물

    – 내부는 목재로 인테리어하여 겉과 속이 완전히 다른 느낌

4. 객실 및 요금

객실 타입	객실 요금(비수기~성수기)	
16평 객실로 좌실, 우실 2개실	26	36

5. 서비스

    – 독립 테라스, 스파, 바비큐 데크 등

    – 춘천 의암호 일대 관광지 이용(스카이워크, 물레길, 동선폭포,
    레일바이크, 상상마당 등)

    – 북한강 연결 계곡 깊은 곳에 위치하여 고립된 보금자리 느낌

6. F&B: 와인을 곁들인 서양식 식사

"천국에 이르는 길, 그 길에 진심을 담은 공간"

1. 위치: 경북 경주

2. 조망권: 시골 전원, 목가적 풍경

3. 특징 – 단테의 신곡 속 천국에 이르기 전 연옥의 마지막 9번째 하늘

    – 45평 독채 펜션+400평 정원/실내는 화이트+우드

4. 객실 및 요금

객실 타입	객실 요금(비수기~성수기)	
1채 독채	38	52

5. 서비스 – 넓은 잔디 정원에 감성텐트, 각종 캠핑장비 비치

    – 전용 자쿠지, 그네, 해먹 등 정원 안에서 다양한 활동

    – LP 아날로그 음향시스템, 홈 Theater, 발뮤다 주방가전,

    – 버츄오 커피머신, 스타일러 가전제품 비치

6. F&B: 깔끔한 서양식 식사

"젊은이들에게 인상 깊은 미니멀리즘으로 승부하다"

1. 위치: 강원도 양양

2. 조망권: 숲, 해변

3. 특징

   - 깔끔한 화이트 톤의 미니멀리즘 숙소, 노출 콘크리트로 마감

   - 젊은층에게 특이한 숙박 경험으로 회자

   - 넓은 개방 공간을 통해 자연과 풍경을 감상할 수 있게 함

   - 개방감 vs 프라이버시: 호불호가 있음

   - 침실은 내부 복층 다락방에 위치

4. 객실 및 요금

객실 타입	객실 요금(비수기~성수기)	
벤티 6평	25	28
트렌타 10평	35	38

5. 서비스

   - 양양 바닷가 서핑 성지 인근 위치, 도보 이동거리

   - 수제비누 공방 "파도스튜디오" 협업 제작한 친환경 어메너티 제공

   - 아날로그 LP 음악감상

6. F&B: 객실 내부 취사 불가

시설명: 어라운드폴리

"유럽식 빈티지 캠핑카 감성으로 구전된 성공적 사례,
시그너처 푸드와 향수라는 부대 매출로도 유명한 캠핑장"

1. 위치: 제주 서귀포 중간산 숲

2. 특징

    – 4가지 형태 아웃도어 숙박 제공

    – 원래 영국 빈티지 에어스트림 클래식 캠핑 카라반으로 유명해짐

    – 이후 롯지 건축물과 카라반 캐빈을 주변에 추가 조성

    – 유료 캠핑사이트: 잔디, 데크, 오토 3가지 타입 운영

3. 객실 및 요금

객실 타입	객실 요금(비수기~성수기)	
어라운드 폴리 롯지		
풀빌라 롯지(복층) 1동	50	85
스위트 롯지(복층) 2동	42	58
트윈 롯지(복층) 2동	34	48
로프트 롯지(복층) 2동	23	35
어라운드 폴리 캐빈	18	28
어라운드 폴리 에어스트림		
에어스트림 17~31피트	12	35
어라운드 폴리 캠핑 사이트	4	5

4. 서비스: 아로마향, 객실내 감성적 음악, 리사이클링 어메너티 제공

5. F&B: 시그너쳐 바비큐 플래터 메뉴에 대하여 호불호 상반 평가

6. 방문 후기

    – 아로마 제품 부가 매출

    – 아름다운 자연환경과 깨끗한 화장실

    – 캠핑과 숙소 중간의 포지셔닝

부록 2

호시노 리조트 사례조사(Case Study)

이하에서는 호시노 리조트의 3가지 대표 브랜드인 Hoshinoya, KAI, Risonare의 시설들을 상세히 조사한 내용을 담고 있다. 사업 착상에 도움이 되기를 바란다. (https://www.hoshinoresorts.com/참조)

호시노야 후지: "오감을 행복하게 하는 글램핑 리조트"

251

Concept

오감을 통해 숲을 만끽하는 깊은 산 속 글램핑

星のや富士
HOSHINOYA FUJI

모닥불 주위에 둘러앉아 있으면
주변의 숲을 더 잘 느낄 수 있고,
현대 생활에 의해 무감각해진 본능을 일깨워줍니다.

글램핑은 캠핑의 수고로움 없이도
이러한 감각을 자극하기 위해 고안된
정교하고도 스타일리시한 형태의
아웃도어 액티비티 입니다.

손에 잡힐 듯한 후지산과 아름다운 가와구치 호수가
내려다보이는 소나무 숲 속에서
새로운 자신을 발견하세요.

Site Plan

사업개요

- 위치 : 야마나시현 미나미쓰루군 후지 카와구치코마치 1408
  (도쿄에서 서쪽 120km, 2시간 거리)
- 입지 : 후지산 자락 북독지역에 위치, 해발 900m 입지
- 개장일 : 2015년 10월
- 주요시설 : 부지면적 약 22,000평, 건축 연면적 790평
  - 객실 : 40실 (2~3인실)
  - 실내 레스토랑 1개소, 아웃도어 레스토랑 2개소, 라이브러리카페 1개소
  - 액티비티 시설 : Cloud Terrace, 산책로 등
- 객실요금 (2인 1박 1객실 기준)
  - 비수기 주말기준 약 4.5~5만엔 (극성수기 5.5~6만엔)
  - 예약은 2박 이상만 가능, 식사 및 액티비티는 별도 요금
- 연매출 : 14.4억엔
- 직원수 : 총 100명
  - 남녀 비율 (35 / 65)
  - 정직 파트타임 비율 (80 / 20)

Site Plan
사이트개요

①	Reception	간단한 체크인, 금품함에 필요한 기상 렌탈, 프론트 동기자 전용 지프차로 이동
②	Front Desk	룸키/ 웰컴드링크제공, 투숙가드 작성, 기념품샵
	Dining Restaurant	호시노야 후지 내 유일한 실내다이닝레스토랑
③	S cabin	장작난로가 구비된 발코니가 있는 캐빈, 2개동
	F cabin	3명이 숙박할 수 있는 공간 (가족, 친구 등)
	D cabin	2인 킹 베드 스탠다드 캐빈
	T cabin	2인 트윈베드 스탠다드 캐빈
④	Forest Kitchen	숲 속에서 코스요리를 즐길 수 있는 아웃도어레스토랑
⑤	Cloud Kitchen	자와커피, 와플, 마시멜로우 등의 간단한간식판매
⑥	Library Cafe	공중벤치, 나무그늘의 해먹, 모닥불 등 자연 속 휴식데크
⑦	Cloud Terrace	

Development
개발구조

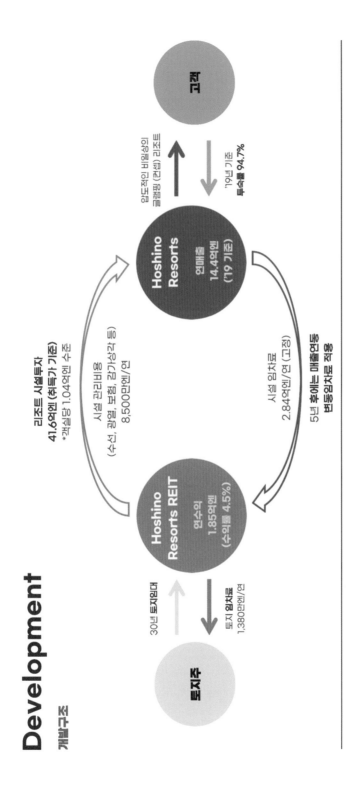

리조트 시설투자
41.6억엔 (취득가 기준)
*객실당 1.04억엔 수준

시설 관리비용
(수선, 광열, 보험, 감가상각 등)
8,500만엔/연

고객

암도적인 비일상의
글램핑 (관성) 리조트

'19년 기준
투숙률 94.7%

Hoshino
Resorts

연매출
14.4억엔
('19 기준)

시설 임차료
2.84억엔/연 (고정)

5년 후에는 매출연동
변동임차료 적용

Hoshino
Resorts REIT

연수익
1.85억엔
(수익률 4.5%)

30년 토지임대

토지 임차료
1,380만엔/연

토지주

Detailed Site Plan 배치 및 통선계획

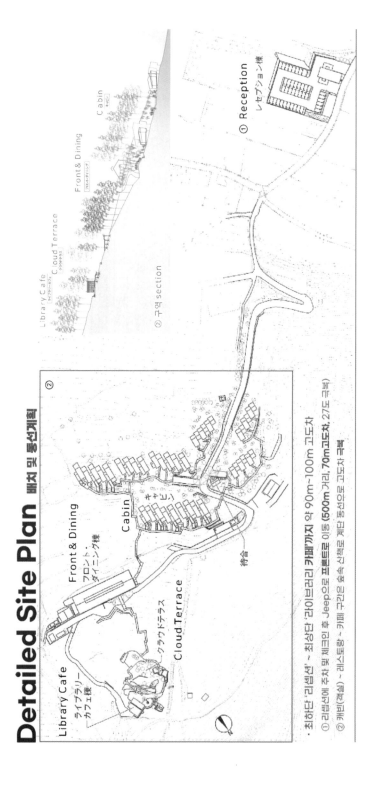

Library Cafe
ライブラリー
カフェ棟

Front & Dining
フロント・
ダイニング棟

Cabin
キャビン

Cloud Terrace
クラウドテラス

② Reception
レセプション棟

Library Cafe
ハイラーカフェ Cloud Terrace
クラウドテラス

Front & Dining
フロント・ダイニング

Cabin
キャビン

② 구역 section

待合

・최하단 '리셉션' ~ 최상단 '라이브러리 카페'까지 약 90m~100m 고도차

① 리셉션에 주차 및 체크인 후 Jeep으로 포른트로 이동 (500m 거리, 70m 고도차, 27도 극복)

② 캐빈(객실) ~ 레스토랑 ~ 카페 구간은 숲속 산책로 계단 동선으로 고도차 극복

256

Experience

① 리셉션

- 자가용, 바이크 주차
- 간단한 체크인
- 단지내 지도, 안내서
- 글램핑에 필요한 용품+가방 렌탈
- 프론트까지 전용 지프차로 이동

비일상 공간으로의 돌입

257

Experience

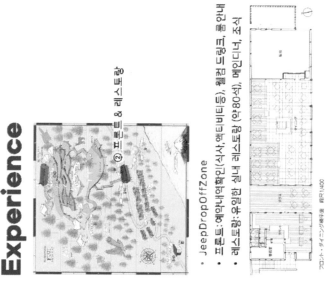

- JeepDropOffZone
- 프론트: 예약내역확인(식사,액티비티등), 웰컴 드링크, 룸안내
- 레스토랑: 유일한 실내 레스토랑 (약 80석), 메인디너, 조식

② 프론트 & 레스토랑

フロント・ダイニング棟平面 縮尺1/400

Experience

③ 캐빈 (객실)

- 총 40객실
- S/F/D/T 4가지 객실 구성
- 전객실 호수, 후지산 조망
- 1객실당 12~14평 규모

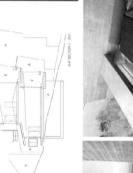

Experience ③ 캐빈 (객실)

- 후지산 조망에 충실하도록 심플한 인테리어
- TV, 시계가 없는 구성
- 테라스 공간을 반내부공간으로 활용
- 백난로 or 에탄올 난로, 아웃도어 소파, 코타츠
- 캠핑감성어메니티: 전용 드립커피세트, 전용 아웃터

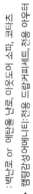

AA SECTION 1:100

2F PLAN

1F PLAN 1:300

260

Experience

⑤ 클라우드키친

④ 포레스트키친

체험형 다이닝 공간
글램핑 마스터와 함께 하는
아웃도어 스타일 디너

Experience

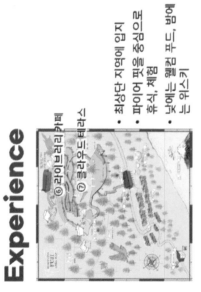

⑥ 라이브러리 카페
⑦ 클라우드 테라스

- 최상단 지역에 입지
- 파이어 핏을 중심으로 휴식, 체험
- 낮에는 웰컴 푸드, 밤에는 위스키

⑥ 라이브러리 카페

⑦ 클라우드 테라스

Experience ⑥ 라이브러리 카페 ⑦ 클라우드 테라스

· 체크인 전에도 가능한 웰컴 푸드 (무료제공)
· 존별로 프라이빗한 명상, 휴식 공간
· 우천시 실내 체험공간으로 활용 (글램핑 푸드 체험, 크래프트 등)

263

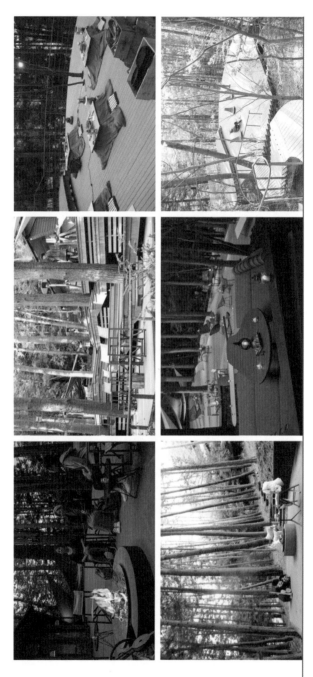

Experience ⑦ 클라우드 테라스

Experience
저녁메뉴

Outdoor Dinning

서울과 햇닭지 고기 서브스키 2.6만엔/인
서솝고기 더지오븐 BBQ 1.8 만엔/인

Restaurant

제철 재료를 이용한 직원 파인다이닝
1.2 만엔/인

Cabin Terrace

프렘엄 귀래 3천엔/인
쇠고기 샤브샤브 1.2만엔/인

265

Experience

아침메뉴

Outdoor Dinning
야외 테라스에서 직접 만들어 먹는 샌드위치
2천원/인

Restaurant
주물 프라이팬과 다지오븐의 그릴오븐 조식
2.6천원/인

Cabin Terrace
객실로 배달되는 모닝박스
3.4천원/인

Experience

점심메뉴

Outdoor Dinning
전세 복숭아 농장에서 글램핑 세트 요리로 식사
4.3만원/인 (월 1팀 한정)

Outdoor Dinning
동기와 피자만들기
4.5만원/팀 (월 5팀 한정)

In Room Dinning
24시간 대응 가능한 간식/주류
단품메뉴별 1~1.2천원 수준

Experience

액티비티

글램핑 마스터가 함께하는 숲 속의 놀이와 휴식

구름을 이미지로 만든 클라우드 테라스는 산의 경사를 따라 대각이 겹쳐 있어, 장소마다 다양한 활동을 즐길 수 있는 액티비티 필드가 됩니다.

예를 들어, 기분 좋은 아침의 커피 만들기, 계절마다 바뀌는 간식을 만들면서 보내는 숲 속의 한 때, 조용한 밤에 모닥불 BARU 연주회 등 아침부터 밤까지 마음껏 자신만의 스타일로 숲을 즐길 수 있습니다.

아침에서 무엇을 해야 할까? 어떤 액티비티가 좋을까? 이렇게 고민스러울 때, 자연 속에서 보내는 방법에 익숙한 글램핑 마스터가 여러분을 이끌어 줍니다. 고객의 요구에 맞는 숲 속 놀이 방법을 제안합니다.

깨끗한 공기를 가슴 가득 채우고, 나무와 꽃들이 이름다움을 만끽보고, 새나 벌레의 목소리에 귀를 기울입니다. 그런 특별한 시간이 보는 동안 일어나고 오감을 자극할 것입니다.

Experience
액티비티

훈제 간식 만들기

계절의 재료와 함께 훈제를 마무리합니다. 완성된 훈제는 위스키나 맥주와 함께 즐길 수 있습니다.

커피 디스커버리

숲 속의 프라이빗한 공간에서 와인과 커피를 조합한 '배럴 에이지드 커피'를 배우고, 그램핑 마스터의 도움을 받아가며 모닥불로 로스팅하는 것부터 오리지널 커피 등 끓이는 것 까지 즐길 수 있습니다.

사케 투어

후지산 용출수를 사용하는 사사이치양조장의 일본술 투어
일본술을 이넨재료인 쌀을 원료호화한 들 특별 조산제험 물을 찾아내마는 소믈트레링, 양조장 견학, 양조장내 시술를 체험하면서 에틱산 일본 술의 매력을 감게 체험할 수 있습니다.

액티비티	훈제 간식 만들기	커피 디스커버리	사케 투어
운영기간	연중	03.01~05.31 (13:00~17:00)	12.01~02.28
참가비용	3,600엔/1회	2,600엔/인	86,000엔/인 (조식, 중식, 석식, 투어 포함)
기타	1일 2타임 운영, 1타임당 2팀 한정 예약제 운영	1일 3인 한정 예약제 운영	2박3일 고객 한정 프로그램, 1일 1팀 운영

269

Experience
액티비티

액티비티	호수의 절경 체험	나무의 바다 속 리트리트	아침카누 체험
	태양이 후지산의 산정에 걸릴 때에 나타나는 현상, 다이아몬드 후지를 호수 위에서 즐기는 액티비티입니다. 호수에 떠있는 테라스에서 빛나는 다이아몬드를 이미지하여 만들어진 스파클링 와인과 함께 럭셔리를 우아하게 만끽할 수 있습니다.	숲의 향기와 부드러운 태양빛을 전신으로 느끼면서, 후지산의 대지를 걷습니다. 맨발로 숲을 느끼고 명상하고 운동후 심신을 케어하는 시간도 있습니다. 글램핑 마스티가 서포트하기 때문에, 초심자도 무리 없습니다.	이른 아침의 호수면은 조용하고 아름다운 표정을 보여줍니다. 조용한 호수 표면에 캐나디언 카누를 천천히 저어가는 체험입니다.
운영기간	10.20~11.30	04.01~09.30	연중
참가비용	58,000엔/2인 (와인, 핑거푸드 포함)	약 60,000엔/1인 (스트레칭, 드레싱, 명상, 식사2회, 간식 2회 등 포함)	6,050엔/1인 (사진촬영 포함)
기타	1일 1팀 한정(최대 2인) 예약제 운영	2박3일 고객 한정 프로그램, 1일 1팀 운영	1일 7팀(14명) 한정 운영

Experience

액티비티

원시림 자연투어

천연기념물로 지정된 아오가하라 숲과 용암동굴을 전문 가이드가 안내합니다. 약 2시간의 투어임에도 독특한 형태의 나무들이 자라는 신비한 원시림을 즐길 수 있습니다.

숲속의 플라잉 스트레칭

나무에 매달아 놓은 부드러운 천으로 기분 좋은 스트레칭을 합니다. 숲속에서 따스한 볕을 느끼면서 천천히 신체를 늘려줍니다.

디지털 디톡스~ 영혼의 정화~

디지털 사회의 스트레스에 노출된 심신을 리프레시하여, 생활에의 활력을 얻는 프로그램입니다.

후지산 신사 참배, 부적만들기 체험, 트레킹, 모닥불 명 상 프로그램, 후지산 지역 식사 체험

액티비티	원시림 자연투어	숲속의 플라잉 스트레칭	디지털 디톡스~ 영혼의 정화~
운영기간	연중	3월 16일 - 6월 9일 7월 21일 - 11월 25일	연중
참가비용	7,700엔/1인	무료	55,000엔/1인
기타	1일 최대 6인, 예약제 운영	1일 6명, 예약제 운영	2박3일 프로그램, 1일 1팀(2명) 한정 운영

호주의 호지민의 정원 컨셉 = 균형감에 집중하여 고객여정과 시선 특화

272

KAI Poroto: "역사와 문화 속에 머물다"

Concept

홋카이도 지역의 문화와 역사를 숙박경험으로 녹여낸 호수 조망 온천여관

디자인 컨셉 : 포로토 호수의 품에 잠기는 뾰족한 오두막 숙소

포로토 호수를 사업부지 내에 적극적으로 끌어들이는 계획으로 모든 객실에서 호수 조망을 확보하고

호수의 품에 잠겨있는 듯한 일체감을 느끼면서 온천을 즐길 수 있는 숙소입니다.

Location 1-1018-94 Wakakusa, Shiraoi, Hokkaido / 홋카이도 신치토세 공항에서 50km, 차량으로 50분

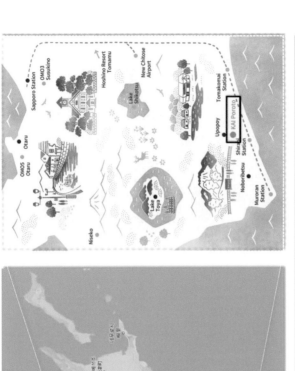

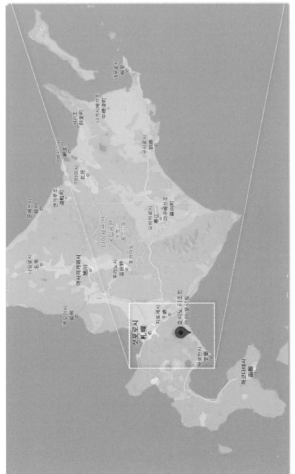

Place 홋카이도 원주민인 아이누족의 과거 취락지역에 입지, 지역 경관과 전통과 전통문화 요소를 건축/공예/인테리어에 적용

KAI Poroto 전경

Poroto Lake

KAI Poroto

아이누민족박물관 UPOPOI

UPOPOI 전경

Poroto Lake

Guest Room Building

Triangle Onsen

Poroto Lake

Site Plan 호수의 건축 : Poroto 호수를 부지내로 끌어들여 호수의 근경과 원경을 모두 즐길 수 있는 디자인

Lake Poroto

△湯
Triangle Onsen

客室棟
Guest room building

O湯
Circle Onsen

メム (湧水)
Spring Water

車寄せ
Driveway

0 5M 10M 20M

- 부지면적 : 9339.04㎡ (2,825평)
- 건축면적 : 2021.37㎡ (611평)
- 연면적 : 4951.48㎡ (1,498평)
- 층수 : 지상 4층
- 구조 : RC조 (△湯은 목구조)
- 객실수 : 42실 (15실은 객실 테라스에 노천온천 설치)
- 부대시설 : 온천장 2개소 (△湯 : 호수조망 벌통 온천 / O湯 : 동굴 형태 온천)
  레스토랑, 선큰 라운지, 라이브러리, 샵림, 스기 건조실 등
- 타깃 고객층 : 30~50대 여성, 부부, 커플 등
- 객실료 : 1인 기준 1박 2.8만엔 부터 (석식 및 조식 포함)
- 체크인/아웃 : 15시부터 / 12시까지
- 종업원수 : 약 50인
- 설계사/시공사 : NAP Architects / Maeda Cons.
- 설계/시공 기간 : 18.04~20.04 / 20.05~21.10
- 개업일자 : 22.01.14

277

Plan

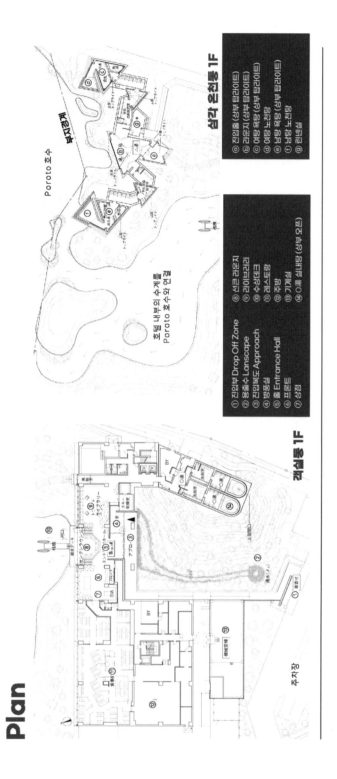

녹지경계

Poroto 호수

호텔 내부의 수계를
Poroto 호수와 연결

삼각 온천동 1F

① 진입홀 (상부 탈의실)
② 라운지 (상부 탈의실)
③ 여탕 욕탕 (상부 라이트)
④ 여탕 노천탕
⑤ 남탕 욕탕 (상부 라이트)
⑥ 남탕 노천탕
⑦ 린넨실

객실동 1F

① 진입부 Drop Off Zone
② 옹출수 Lanscape
③ 진입복도 Approach
④ 방풍실
⑤ 홀 Entrance Hall
⑥ 프론트
⑦ 샵점
⑧ 선큰 라운지
⑨ 라이브러리
⑩ 수심대
⑪ 레스토랑
⑫ 주방
⑬ 기계실
⑭ ○○실 실내탕 (상부 오픈)

주차장

278

Entrance 진입부 : 지역의 자작나무 숲과 용출수(샘물)를 모티브로 경관연출

② 지하주차장의 쾌적한 이용을 돕기위한 Drop Off Zone 벽체 디자인

① 주차장에서 로비로 진입하는 복도

Entrance 진입부 : 지역의 자작나무 숲과 용출수(샘물)를 모티브로 경관연출

③ 주차장에서 로비로 진입하는 복도
자작나무 활용한 계부감과 자작나무 루버 상세→

Lobby 자작나무 숲과 아이누 전통 카약 패들을 모티브로하는 프론트 디자인

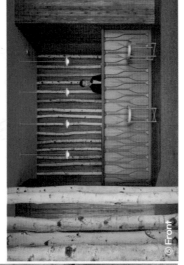

ⓒ Front

④ Entrance Hall

Lounge 선큰 라운지 : 아이누 전통 공예를 적용한 팔각형 파이어핏 + 호수 오픈부로 아늑한 공간 연출

⑦ 호수에서 바라본 선큰 라운지 (수영데크로 연결)

⑥ Sunken Lounge

Library 라이브러리 : 아이누 문화 관련 서적 및 지역에서 채집한 허브 전시

⑨ 상점

⑧ 라이브러리

283

Restaurant

식당 : 목재 파티션의 움이를 제거하여 반짝이는 조명 효과 연출

⑩ 레스토랑 (가운터 좌석)

레스토랑 (룸타입 좌석)

Onsen

△湯 (삼각탕) : 호수조망의 별동 온천탕. 식물성 유기물이 함유된 암갈색의 MOOR 온천 (독일 바벤베)

Ⓗ Poroto 호수에서 바라본 온천동과 계실동

노천 온천탕 (인피니티 엣지)

Onsen △湯 (삼각탕) : 아이누 전통 주거양식 'CHISE' 의 지붕 구조를 재해석한 삼각뿔 디자인

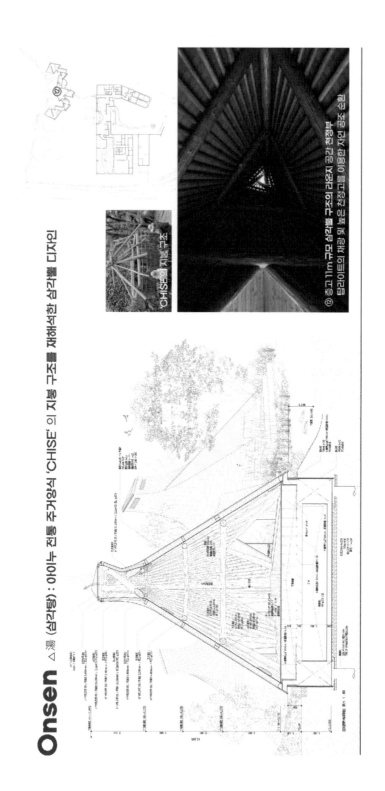

'CHISE'의 지붕구조

⑩ 층고 11m 규모 삼각뿔 구조의 라운지 공간 전경부
탑라이트의 채광 및 높은 천장고를 이용한 자연 공조 순환

Onsen △湯 (삼각탕) : 동선을 따라 연속적으로 연출되는 삼각형 디자인 시퀀스

① 진입부
② 라운지
③ 파우더룸
④ 휴식공간
⑤ 실내 온천탕
⑥ 노천 온천탕

숙박객과 일반 온천이용객 동선을 구분하는 게이트

Onsen ○湯 (원형탕) : 둥근 컨셉이 디자인으로 조망 확보가 어려운 입지조건을 극복

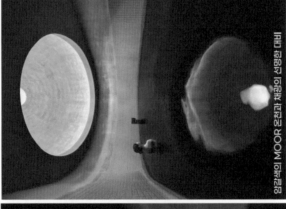

암갈색의 MOOR 온천과 채광의 선명한 대비

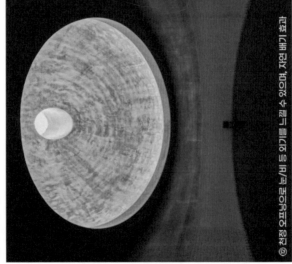

천정 오프닝으로 눈/비 등 외기를 느낄 수 있으며, 자연 배기 효과

288

Room   4가지 타입의 45객실 운영 (Standard 중 1객실은 Pet동반 객실로 운영)

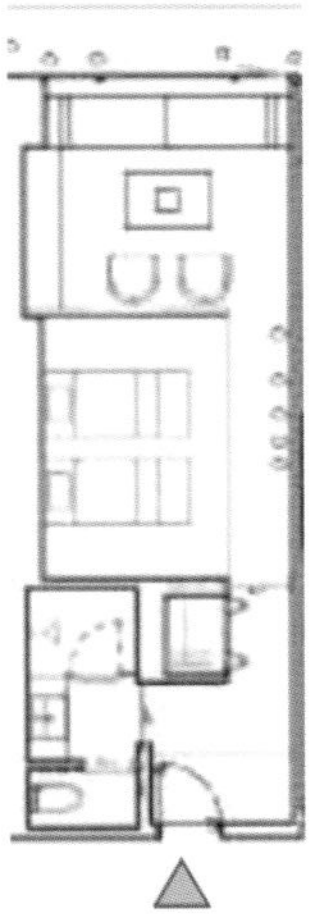

Standard (24실)
42㎡ / 1-3명

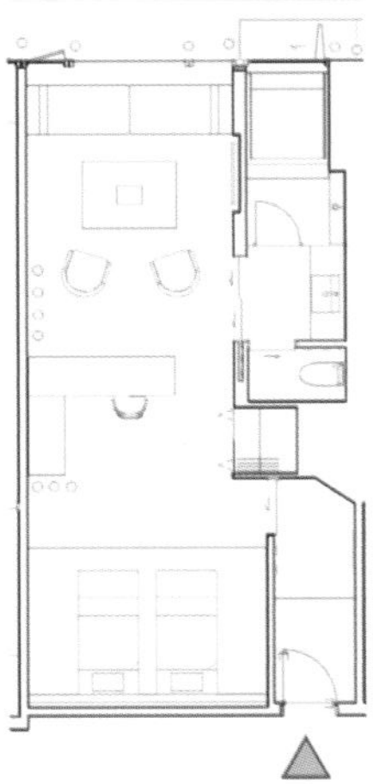

Onsen Bath (12실)
56㎡ / 1-3명

Onsen Suite (3실)
71㎡ / 1-2명

Corner (3실)
71㎡ / 1-4명

Room 각 층당 15객실 배치, 전객실 Poroto 호수 조망

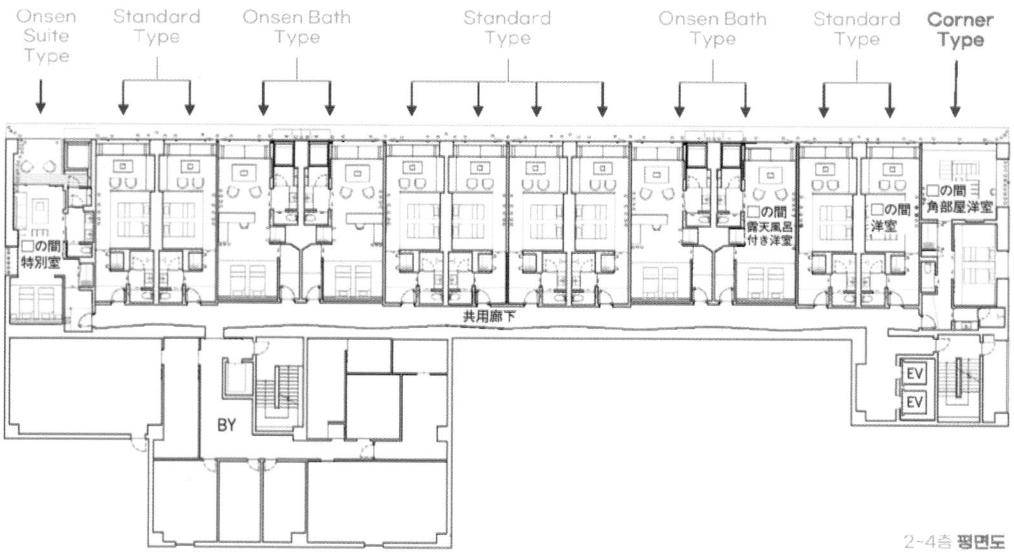

Onsen Suite Type
Standard Type
Onsen Bath Type
Standard Type
Onsen Bath Type
Standard Type
Corner Type
□の間 特別室
□の間 露天風呂付き洋室
□の間 洋室
□の間 角部屋洋室
共用廊下
BY
EV
EV

2~4층 평면도

숲속을 산책하듯 불규칙하게 물결치는 복도 디자인

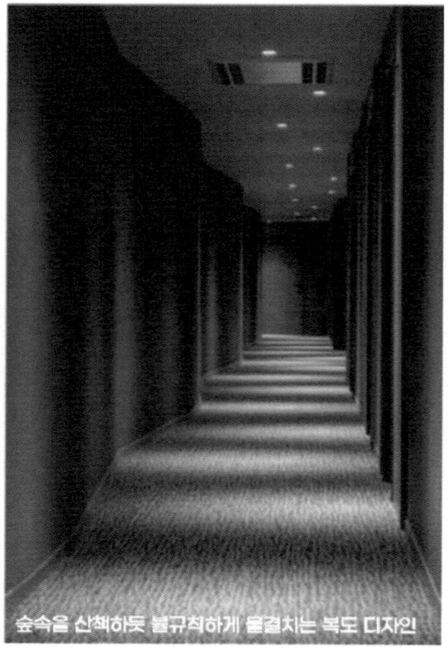

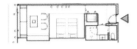

Room Standard Type / 42㎡ (1~3명)

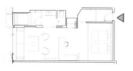

Room Onsen Bath Type / 56㎡ (1~3명)

292

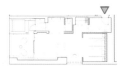

Room

Onsen Suite Type : 거실 및 침실부 / 71㎡ (1~2명)

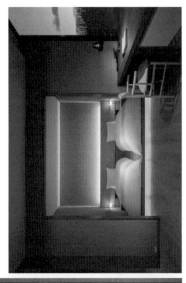

293

Room Onsen Suite Type : 노천온천 및 파우더실 / 71㎡ (1~2명)

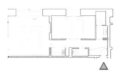

Room
Corner Type / 71m² (1~4데)

Design Motive 아이누족의 생활상, 공예품 등을 모티브로 지역성을 반영한 디자인

KAI Poroto의 객실과 온천탕에는 아이누 고유의 문양을 형상화한 벽면 패턴, 아트, 조명기구 등을 배치

'KAI' 는 지역과 자연을 소중히 여기고, 그 지역만의 여행을 제안하는 브랜드로 숙박 체험이 하나로 자연스럽게 아이누 문화를 느낄 수 있도록 연출하였다.

아이누 문양의 아트워크

집기, 쿠션에도 아이누 문양 적용

아이누 문양의 직물 패턴 헤드보드

화로불 모티브의 테이블 조명

다운라이트를 이용한 룸넘버

296

Room Images Standard Type 기준

Room Images 마감 품질보다 브랜드 컨셉트 컨셉에 충실한 구성

Activity 아이누 전통 부적 체험 : 홋카이도의 다양한 허브를 조합하여 액운을 물리치는 오리지널 부적 만들기 (당일예약, 무료)

Activity 인접지 액티비티 (아이누 민족 박물관, 카누, 하이킹 코스)

가이 포도토밍의 경형 컨셉 컨셉 = 지역문화에 스며드는 숙박경험

RISONARE Nasu: "지역 활동 체험을 리조트에 녹이다"

Concept

Agriturisumo Resort in Nasu Highland

Agriturismo Resort

지역의 매력 × 리조트 스테이 = Agriturisumo Resort

Agriturisumo는 이탈리아 조어로
Agricoltura (농업) + Turismo (관광)을 의미합니다.

도시의 번잡함에서 벗어나,
농업체험이나 자연체험, 문화교류를 즐기는 관광 형태입니다.

RISONARE Nasu에서는 지역의 생산물등과 관련된
체험을 중심으로 식사 메뉴나 액티비티 등을 구성하고 있습니다.

303

Concept
Agriturisumo Resort in Nasu Highland

304

Site Plan

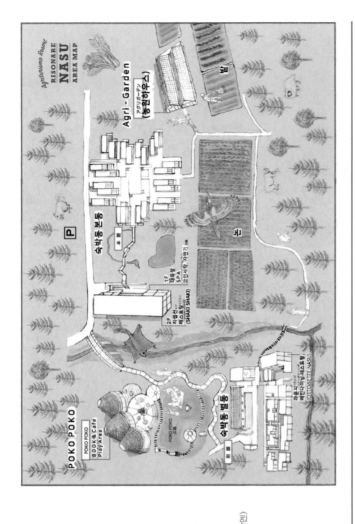

- 위치 : 토치기현 북부 나스군 나스마치 2031
  (도쿄에서 북동쪽 200km, 2시간 거리)
- 입지 : 해발 고도 500m 지역
  (삼림형 리조트, 목장 및 농업으로 유명)
- 개장일 : 2019년 11월
- 주요시설 : 부지면적 약 42,000평
  - 객실 : 43실 (2~4인실)
  - 레스토랑 2개소, 북카페 1개소, 온천욕장 및 스파
  - 액티비티 시설 : 놀이방 공간, 동의체험 공간
- 객실요금 (1박/1인 기준)
  - 비수기 주말기준 약 2.5~3만엔 (극성수기 5~6만엔)
  - 조식 및 액티비티 포함 가격
- 직원수 : 총 113명
  - 남녀 비율 (34 / 79)
  - 정직 파트타임 비율 (83 / 30)

Development

개발전략

RISONARE NASU AREA MAP

패밀리 컨셉 액티비티 시설 및
분동·별동·운동연결동선 신축
기존 Nikki Club 시설 리뉴얼
기존 유기농 농장을
체험형 농장으로 리뉴얼

POKO POKO
POKO POKO COOK & Cafe PlayArea

숙박동 본동
숙박동 별동

Agri-Garden (동원하우스)
밭
논

2F 레스토랑
1F SPA 샤키샤키 (SHAKI SHAKI)

호텔계 부티크 리조트로 유명했지만 경영이 부실해진
Nikki Club을 인수 (2018)

브랜드 방향성 설정
시설의 노후 수준 검토 (20~30년)
인접지 호시노리조트 브랜드와의 중복 회피
타겟 고객 (수도권 접근성) 설정
⇒ 패밀리 리조트 RISONARE

액티비티, 시설 리뉴얼
체험형 논/밭 프로그램 도입
기존 유기농 농장의 사이클링 트랙 리뉴얼
운동·활동을 연결하는 동선 신설

Room Minamo Type / 38㎡ (최대 3명)

Water Garden 조망

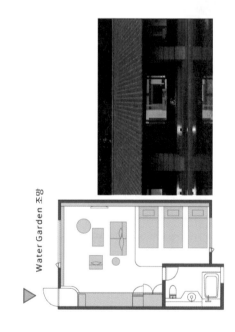

Room

Annex Triple Type / 43㎡ (초대 3명)

Garden 조망

Room Maisonette Type / 60㎡ (최대 4명)

2층

1층

침대 (최대 3개)

4인 이용시
1층 소파베드 활용

PokoPoko Activity Center

· 실내 액티비티 공간의 중심 역할

- play area : 6.5m 높이의 놀이의 네트+볼풀
- Cafe : 계절 한정 음료, 피자 만들기 체험(돌가마)
- Library Lounge : 자연, 여행, 라이프 스타일, 요리 테마의 독서&휴게공간

310

AGRI Garden Activity Center

· 농업체험의 중심공간
- 온실 2개동 및 준비동으로 구성 (300평 규모)
- 준비동 : 시즌별 복장 대여 (ex. 할로윈 호박 모자 등)
- 온실 : 허브재배 및 체험공간; 인근 유기농 농가 연계

311

AGRI Garden 논/밭

· 농업체험의 중심공간
- 4,000평 규모의 논/밭
- 불학교 프로그램 (5회/연) 운영 : 체험형 교육 (외부위탁)
- 밭작물 수확 체험 (지원 및 인근 농가)

Activity 연간 액티비티 프로그램 ('23년 기준)

아침의 숲 산책

넓고 깊은 리조트날에 나스의 숲을 안내인이 소개합니다. 맑은 공기 속에서 다양한 동식물이 숨쉬는 풍부한 숲을 함께 걸어보세요.

리조나레 키즈 스튜디오

요리복으로 갈아 입으면 기분은 본격 파티시에. 계절이 요리지널 스위트를 만드세요. 마멀라 소스, 장식을 얹으면 식으로 토핑핱지는 자유. 세계에서 단 하나의 오리지널 디저트입니다.

돌가마피자만들기

아채가 듬어있는 상자와 반죽을 받고 좋아하는 아채를 토핑 하세요. 액티비티 감각으로 즐기는 피자 만들기입니다. 숲속이나 원하는 장소에서 드세요.

액티비티			
운영기간	2023년 3월 16일~2023년 6월 7일	연중(후관일 제외)	연중(후관일 제외)
참가비용	무료	1,500엔 / 1명	2,000엔 / 1명
기타	누구나 가능	4세부터 10세 정도 (숙박자 한정)	누구나 가능

313

Activity 연간 액티비티 프로그램 ('23년 기준)

숲속의 트레저헌팅

다람쥐가 덕은 후 두 껍질이나 솔방울 등 숲의 보물을 모으는 활동입니다. 숲에 나가면 땅소에는 눈에 들어가지 않는 숲의 숨결이 들려옵니다.

운영기간	연중(휴관일 제외)
참가비용	무료
기타	누구나 가능, 안내지도 배포

파머스 레슨

아그리 가든의 밭과 온실에서 일년 내내 진행되는 농 업체험. 야채나 허브 씨뿌리기, 비료 만들기 등의 준비, 야 채의 수확 등 매일매일의 농업을 체험할 수 있습니다. 파머로 일하는 스탭의 서포트가 있기 때문에, 누구라 도 안심하고 참가하실 수 있습니다.

운영기간	연중(휴관일 제외)
참가비용	무료
기타	누구나 가능, 고객용 장화도 준비

오리지널허브티만들기

허브가 향기로운 그린하우스 내에서 오리지널 블렌드의 허브티를 즐길 수 있습니다. 신적이나 농익체험 후에 상쾌 한 허브의 향기에 씨여 휴식을 즐길 수 있습니다.

운영기간	연중(휴관일 제외)
참가비용	무료
기타	누구나 가능

314

Activity 연간 액티비티 프로그램 ('23년 기준)

액티비티	모닥불로 간식 만들기 깨끗한 공기 속에서 모닥불을 둘러서고 간식 만들기 · 캠프에서 즐기는 디저트의 끝판왕, 마시멜로 구이를 즐겨 보세요.	장작의 불길 최초의 모닥불에 도전. 장작을 나누고, 가지를 모아, 동료와 정화하고, 불이 따뜻함과 자연에 점화는 즐거움을 체험합시다.	발효 비료 찜질 체험 아그리가든에서 쌓거로 만든 발효비료를 사용하여 50도 전후로 전신을 찜질하는 액티비티. 체험 후에는 대욕장에서 전전히 몸을 풀리고, 목욕 후에는 유기농료를 마시는 것으로 몸을 따뜻하게 만들어줍니다.
운영기간	2022년 12월 1일~2023년 6월 7일	2022년 7월 16일~2023년 6월 7일	2023년 1월 11일~3월 15일
참가비용	무료	무료	1팀당 10,000엔
기타	누구나 가능	누구나 가능	9일전 예약 필수, 1일 1팀(2명)한정

Activity 연간 액티비티 프로그램 (`23년 기준)

SUIDEN 모닥불 라운지

마치 물 위에 떠있는 듯한 특별한 공간에서 따뜻한 음료와 마시멜로 구이를 즐길 수 있습니다. 흔들리는 모닥불의 불꽃이나 수면에 비치는 등불을 바라보며 환상적인 겨울 풍경을 즐길 수 있는 공간입니다. 주위에는 색소판과 바이올린 등이 연주회를 개최. 겨울의 맑은 공기 속에서 불을 둘러싸고 따뜻한 음료를 마시면서 음악을 듣는 것으로 더욱 느긋한 시간을 보내실 수 있습니다.

POKO POKO 트럭

POKO POKO 광장에 다양한 아이템을 담은 POKO POKO 트럭이 등장합니다. 트럭에는 자연을 즐기는 아이템을 자유롭게 대여할 수 있습니다. (ex. 계절별 장난감, 담요, 랜턴 등 소품 등)

POKO POKO 트럭~별이 반짝하는 관찰 상품~

겨울의 밤은 수증기나 먼지가 적기 때문에, 별을 보다 선명하게 바라볼 수 있습니다. 그런 겨울을 즐길 수 있도록, POKO POKO 트럭에 기간 한정으로 밤하늘 관찰 상품이 등장합니다. 쌍안경이나 별자리도감, 방한굿즈 등을 대여해, 객실 발코니나 아외광장에서 겨울의 밤하늘을 즐기세요.

액티비티			
운영기간	2023년 1월 7일(토)~3월 15일(수)	연중	2022년 12월 1일(목)~2023년 3월 15일
참가비용	무료	무료	무료
기타	누구나 가능	누구나 가능	누구나 가능

Activity 연간 액티비티 프로그램 ('23년 기준)

액티비티	숲속의 크래프트 ~ 호두의 촛불 만들기 ~ 호두 껍질을 사용한 오리지널 촛불 만들기입니다. 팔각 열매나 붉은 열매 등으로 장식하고, 귀여운 향태의 촛불 만들기를 체험해 보지 않겠습니까. 완성한 촛불은 자택에 가지고 돌아갈 수 있습니다. 물 위에 띄워 플로팅 캔들로 즐겨 주세요.	숲속의 크래프트 ~ 나뭇가지의 램프 쉐이드 만들기 ~ 나뭇가지를 사용한 램프 쉐이드 만들기입니다. 추운 겨울밤을 따뜻하게 비추는 오리지널 램프 만들기를 체험합시다.	농가의 수공예 현미 핫팩 만들기 - 자연에 대한 감사를 담아 수확한 것을 남김없이 농가인 생활방식. 겨울의 그린하우스에서는 수확된 쌀의 현미를 사용한 핫팩을 만듭니다. 여러 번 따뜻하게 할 수 있습니다.
운영기간	2022년 12월 1일 ~ 2023년 4월 15일	2022년 12월 1일 ~ 2023년 3월 15일	2022년 12월 26일 ~ 2023년 3월 15일
참가비용	500엔/1인	무료	무료
기타	누구나 가능	누구나 가능	누구나 가능

Activity 연간 액티비티 프로그램 ('23년 기준)

액티비티	이른 아침 전세 대욕장 이른 아침의 대욕장을 60분 전세로 즐길 수 있습니다. 가족 목욕탕 또는 혼자의 호화로운 시간으로 아침 목욕을 즐기십시오.	꽃피는 리조낙레 봄의 방문을 축하하는 축제 「꽃피는 리조낙레」를 개최합니다. 「POKOPOKO광장」에는 다양한 채소와 채소꽃을 테마로 하는 플라워 아트가 펼쳐집니다. 광장의 중앙에는 리조낙레 나스의 로고마크를 직경 4m의 화단으로 표현하고, 여러가지 빛깔의 꽃으로 장식됩니다. 풍요로운 자연환경에서 봄이 왔음을 느끼고 즐기는 이벤트입니다.
운영기간	2023년 1월 5일~2023년 3월 15일	2023년 4월 29일~2023년 5월 7일
참가비용	2,000엔/1팀	무료
기타	누구나 가능, 전날 17시까지 예약	누구나 가능

Activity 연간 액티비티 프로그램 ('23년 기준)

액티비티	에디블 플라워로 사탕 만들기	꽃밭의 돌가마 피자 만들기	숲속의 크래프트~풀꽃의 북마크 만들기~
	에디블 플라워란 Edible(먹을 수 있는) Flower(꽃)의 말 그대로, 식용 꽃을 가리킵니다. 신선한 꽃을 그대로, 마음에 드는 꽃잎을 선택해, 캔디에 넣어 식히면 봄 느낌의 오리지널 사탕을 만들 수 있습니다. 핑크색이나 노란색 등 파스텔 컬러의 다른 봄을 담아 선물로 해도 좋습니다.	점심 시간의 액티비티로서「꽃밭의 돌가마 피자 만들기」를 개최합니다. 꽃을 이미지 한 POKO POKO광장에서, 밭의 봄의 방문을 만끽할 수 있는 액티비티입니다.	숲속에 사용한 오리지널의 북꽃의 북마크 만들기입니다. 풀꽃을 자생하고 있는 다양한 풀꽃을 사용해, 봄을 느낄 수 있는 책갈피 만들기를 체험해보지 않겠습니까...
운영기간	2023년 4월 29일(토)~2023년 5월 7일(일)	2023년 4월 29일(토)~2023년 5월 7일(일)	2023년 4월 16일~2023년 6월 7일
참가비용	800엔/1팀	2,000엔/1장	무료
기타	누구나 가능	누구나 가능	누구나 가능

Activity 연간 액티비티 프로그램 ('23년 기준)

액티비티	농가의 수공예 '허브 향기 주머니 만들기' 자연에 대한 감사를 담아 한 것을 남김없이 사용하는 농가의 생활 방법, 봄이 그린 하우스에서는 허브를 사용한 향기 주머니 만들기를 자유롭게 체험한 실수 있습니다. 아그리 투리스모 리조트에서의 추억을 향기로 가지고 돌아가 보지 않겠습니까.	웰컴 드링크 만들기 "민트향 종류주 '와' 허브 워터"를 환영 음료로 준비하고 있습니다. 허브가 향기로운 그린 하우스 내에서 편안한 시간을 보내십시오.	키즈 농사 대뷔 봄은 겨울동안 굳어진 지면을 경작해, 새로운 잎의 농사를 스타트하는 계절이며, 일 씨의 시작의 기이기도 합니다. 첫 발 체험을 통해 어린이의 성장을 느낄 수 있는 액티비티입니다.
운영기간	2023년 3월 16일~2023년 6월 7일	2023년 3월 16일~2023년 6월 7일	2023년 3월 16일~2023년 4월 28일
참가비용	무료	무료	1,000엔/1인
기타	누구나 가능	누구나 가능	3~5세 어린이

320

Activity 연간 액티비티 프로그램 ('23년 기준)

플레이 그라운드

아이와 함께 느긋하게 보내실 수 있는 프리 스페이스입니다. 놀이대 높이 6.5m에 네트 놀이기구나 볼풀이 있어, 밖에서 놀 수 없는 우천시나, 짧은 여유 시간에도 이용하실 수 있습니다. 기저귀 교체 공간, 수유실도 마련하고 있습니다.

어린이 돌봄교실

OTTO SETTE 레스토랑 고객 한정으로, 어린이를 맡아드립니다. 부부만의 식사 시간을 천천히 즐기세요.

딸기의 숲

있는 농원 딸기밭 숲에서는 지역의 맛있는 물과 부드러운 햇빛으로 자란 딸기를 30분간 막고 먹는 체험이 가능합니다. 품종은 3종류이며, 포그리고 뽑을 수 있는(토경재배) 딸기 외에도, 서서 뽑을 수 있는(고설재배) 딸기도 있습니다.

액티비티	플레이 그라운드	어린이 돌봄교실	딸기의 숲
운영기간	연중	연중	미정
참가비용	무료	무료, OTTO SETTE 고객 한정 (3일전 예약)	미정
기타	누구나 가능	1세~6세 어린이 한정, 최대 2명	미정

Activity 연간 액티비티 프로그램 ('23년 기준)

스키장&키즈파크

액티비티	30분 거리의 Mt.Jeans 스키장을 소개합니다. 리프트로 액세스할 수 있는 초급자용 코스에서 곤돌라로 액세스하는 중상급자용 롱코스를 겸비한 지역내 최북단 스키장입니다. 올해는 산정상에 키즈 파크가 오픈해, 절경 속에서 아이들이 눈놀이를 기대합니다.
운영기간	2022년 12월 17일~2023년 3월 19일
참가비용	평일 리프트권 3,000엔
기타	*단순 소개내용으로 연계 할인 프로그램은 없음

쌀학교

액티비티	도치기현·나스마치의 쌀 농가 "이나사쿠 본점(FARM1739)"과 협력하여 리조트날레 나스의 고객과 함께 벼농사 체험을 개최합니다. 리조트내의 논에서 씨 뿌리기로부터 수확, 탈곡, 정미 작업까지 체험하고, 각 회마다 가마솥을 사용한 밥짓기, 그리고 수확 후에는 자택에 햅쌀을 배달 드립니다. 체험했을 때의 모습을 떠올리면서 스스로 키운 쌀을 맛보면 쌀의 매력을 더욱 느낄 수 있습니다..
운영기간	2023년 4월 9일~2023년 10월 29일까지, 총 5회
참가비용	각 회당 3,000엔/1명
기타	정원 20명

*개최 기간
제1회: 4월 9일(일)
제2회:4월 29일(토)~5월 7일(일)
제3회:6월 3일(토), 4일(일)
제4회:9월 30일(토), 10월 1일(일), 7일(토)~9일(일)
제5회:10월 21일(토), 22일(일), 28일(토), 29일(일)

F&B 레스토랑 OTTO SETTE NASU

· OTTO SETTE : RISONARE 브랜드의 이탈리안 다이닝 레스토랑

- 지역특산물, 리조트 정원에서 기른 제철 채소를 이용한 자연주의 이탈리안이 테마

- **예약제**, 디너 코스만 운영 (15,730엔/1인)

F&B

뷔페 레스토랑 SHAKI SHAKI

뷔페 레스토랑 SHAKI SHAKI

지역특산물, 리조트 정원에서 기른 제철 채소를 이용한 뷔페 메뉴

· 예약제, 디너 (6,200엔/1인), 조식 (2,800엔/1인)

324

F&B 북카페 POKO POKO

· POKO POKO : 북카페 + 실내 엑티비티 음식시설
- 돌가마 피자, 커피류, 마시멜로 구이체험, 런치 도시락 제공

리조나레 나스의 농업 경험 컨셉은 농업 자재를 렌레츠로 누구나 즐길 수 있도록

326

서정대

서울대학교 사회과학대학 인류학 전공(Bachelor)
서울대학교 행정대학원 정책학 전공(Master)
캘리포니아 주립대 지역개발학 전공(Master)
삼성에버랜드 파크개발기획 책임
SM엔터테인먼트 복합공간기획 실장
송산그린시티 국제테마파크 조성사업 개발기획 이사
대명그룹 신규사업 개발기획 팀장
삼정KPMG 디지털본부 복합공간기획 컨설팅 이사
원익엘앤디 자산개발팀 리조트 개발기획 담당임원

박진영

계명대학교 건축공학과 졸업
계명대학교 건축공학과 석사 졸업(세부전공: 건축계획)
오리엔빌(주) 수석팀장(건설사업관리/관광시설개발)
알디에스(주) 개발팀장(쇼핑몰 개발)
페트라건설 개발팀장(고급주거)
대명소노그룹 개발담당임원(리조트, 골프장 등 레저시설개발)

조성모

서울시립대학교 건축학과 졸업
서울시립대학교 건축학과 석사 졸업
CJ대한통운 리조트부문 신규사업파트장(나인브릿지 골프 리조트)
원익엘앤디 자산개발팀 프로젝트 담당부장(골프장 및 리조트 개발)

대표저자_서정대

Mobile: 010 7662 3772
Email : seojd71@hanmail.net

책 내용과 관련하여 궁금하신 점 문의하시면 답장 드리겠습니다.

전문가가 들려주는
리조트 개발기획 가이드북

초판발행	2024년 6월 30일
지은이	서정대·박진영·조성모
펴낸이	안종만·안상준
편 집	전채린
기획/마케팅	김한유
표지디자인	Ben Story
제 작	고철민·조영환
펴낸곳	(주) **박영사**
	서울특별시 금천구 가산디지털2로 53, 210호(가산동, 한라시그마밸리)
	등록 1959. 3. 11. 제300-1959-1호(倫)
전 화	02)733-6771
f a x	02)736-4818
e-mail	pys@pybook.co.kr
homepage	www.pybook.co.kr
ISBN	979-11-303-2034-2 93320

정 가   23,000원